新 HSK 精讲丛书

新 HSK 精讲教程

（五级）

主　编　王祖姝　王秀环
编　者　王祖姝　王秀环

商务印书馆
创于1897　The Commercial Press
2013 年 · 北京

图书在版编目（CIP）数据

新 HSK 精讲教程．五级/王祖姝，王秀环主编．—北京：商务印书馆，2013
（新 HSK 精讲丛书）
ISBN 978-7-100-09502-0

Ⅰ．①新… Ⅱ．①王… ②王… Ⅲ．①汉语—对外汉语教学—水平考试—自学参考资料 Ⅳ．①H195

中国版本图书馆 CIP 数据核字（2012）第 226310 号

新 HSK 精讲教程（五级）
王祖姝　王秀环　主编

商 务 印 书 馆 出 版
（北京王府井大街36号　邮政编码 100710）
商 务 印 书 馆 发 行
北 京 瑞 古 冠 中 印 刷 厂 印 刷
ISBN 978-7-100-09502-0

2013 年 6 月第 1 版　　开本 880×1230　1/16
2013 年 6 月北京第 1 次印刷　　印张 11
定价：44.00 元

编写说明

新 HSK（中国汉语水平考试）自推行以来，参加考试的人数越来越多，范围也越来越广。然而，由于新 HSK 考试推行的时间还不长，如何熟悉考试规律，了解题型特点，特别是考试的考点和难点，如何掌握相应的有针对性的应试技巧和策略，使自己的汉语水平得到最充分、最完美的发挥，取得好成绩，已成为广大考生的迫切需求。

为了满足广大考生和教师们的需求，我们分级编写了这一套“新 HSK 精讲丛书”，丛书包括“教程”和“模拟题”两个系列。

一、关于《教程》

每级的《教程》都分以下几个部分：模拟题 1、听力、阅读、书写、模拟题 2、听力材料、参考答案和附录。

《教程》在结构安排上的一个特点是：开篇给出一套模拟题，收篇再给出一套模拟题。这样安排是基于如下考虑：“模拟题 1”安排在分项讲解训练之前，是帮助学生在使用本书前进行自测，从而了解自己存在的问题，以便在后面的学习中可以抓住重点，做到有的放矢，事半功倍。“模拟题 2”安排在分项讲解训练之后，目的是帮助考生进行总结，自测学习的效果，以便更好地查漏补缺，增强通过考试的自信心。

“听力”、“阅读”与“书写”三部分是对新 HSK 的三大项目的分项讲解训练。每部分分成两到三个单元。每单元大致包括考试题型分析、测试重点分析、同步练习、解题小贴士、应试速练等部分。“考试题型分析”举例说明某一部分试题的样子，分析这一种题型的特点以及考查的重点。“解题技巧分析”是分析某一部分试题主要考什么，什么地方比较难，针对各测试重点提示解题步骤与技巧，并结合例题进行讲解，所举例题绝大部分来自大纲或已公布的真题，这是每一单元的主要部分。“同步练习”是针对每个测试重点以及提示的解题步骤和技巧，让考生有针对性地进行反馈练习。“解题小贴士”是在一个单元讲解完后，对一些综合性应试方法和技巧的补充说明 。“应试速练”是对一个单元试题的综合性练习，帮助考生在学习完这一单元后能综合运用本单元的应试技巧和方法来进行答题，并要求考生在规定的时间内完成答题，目的在于帮助考生适应考场气氛和要求。

“听力材料”包括书中所有“听力”部分的录音文本；“参考答案”则包括“同步练习”、“应试速练”和两套“模拟题”的参考答案。

“附录”部分收录了“HSK（×级）考试要求及过程”、“HSK（×级）答题卡”，帮助考生在考前对考试的过程和相关的情况建立感性的认识。

除此之外，《教程》还给出了相应级别的词汇手册，手册分为两部分：一是上一级别词汇，二是本级新增加的词汇。之所以把新增词汇单独列出来，是为了帮助考生在学习中更多地对相应级别新增词汇进行针对性的操练，更好地掌握新增词汇，从而在考试中取得更好的成绩。

二、关于《模拟题》

每级《模拟题》含5套模拟题、5份答题卡、5份听力文本材料及参考答案、1张MP3光盘。模拟题紧扣新HSK大纲设计，题型、容量、难易程度尽量与新HSK大纲样卷及已公开真题保持一致，以帮助考生在短时间提高应试能力。

本丛书由具有多年HSK辅导经验的一线汉语教师编写。参编者在HSK辅导教学过程中积累了较丰富的经验。而且自新HSK实行以来，一直从事新HSK的辅导教学。本丛书已在新HSK辅导班中试用过，并根据教学中出现的问题进行了相应的修正。

尽管我们努力使这套丛书解释科学、试题严密、语言通俗，但难免有一些不足之处，恳请使用者批评、指正。

编　者

2013年1月

目　录

新汉语水平考试

HSK（五级）

模拟题 1

注　　意

一、**HSK**（五级）分三部分：

1. 听力（45 题，约 30 分钟）
2. 阅读（45 题，45 分钟）
3. 书写（10 题，40 分钟）

二、听力结束后，有 5 分钟填写答题卡。

三、全部考试约 125 分钟（含考生填写个人信息时间 5 分钟）。

中国　北京　　　　××××/×××××××　编制

一、听 力

第 一 部 分

第1-20题：请选出正确答案。

1. A 修车
B 加油
C 停车
D 办车险

2. A 都没问题了
B 摄影机坏了
C 摄影还没安排
D 麦克风电池没电了

3. A 坏了
B 得付费
C 要下载
D 是免费的

4. A 看连续剧
B 看滑冰比赛
C 去卧室睡觉
D 看电视剧频道

5. A 自己设计
B 让客厅小点儿
C 让卫生间大点儿
D 按照设计师的方案

6. A 吃饱了
B 不喜欢海鲜
C 海鲜不好吃
D 吃海鲜后身体不适

7. A 货已经发了
B 女的还没付钱
C 女的收到了货
D 那批货明天到

8. A 她家在装修
B 她不喜欢排球
C 她没时间看比赛
D 体育馆装修好了来看

9. A 在吃饭
B 在看球赛
C 很会踢球
D 男的不让他吃饭

10. A 很香
B 很咸
C 很酸
D 很淡

11. A 考试能及格
B 准备好考试了
C 学物理很努力
D 要参加物理考试

12. A 她不会辞职
B 工作有前途
C 公司待遇不错
D 支持王经理辞职

13. **A** 现金
B 交通卡
C 信用卡
D 优惠卡

14. **A** 主持婚礼
B 去见朋友
C 准备婚礼
D 去买生日礼物

15. **A** 刚退休
B 从不去公园
C 以前常常健身
D 总是有很多时间

16. **A** 乐观
B 佩服
C 感谢
D 安慰

17. **A** 肺疼
B 肚子疼
C 吃错了药
D 吃得太甜

18. **A** 6 月
B 5 月底
C 5 月初
D 4 月底

19. **A** 顾客
B 律师
C 经理
D 收银员

20. **A** 死于胃病
B 已经去世了
C 她叫了救护车
D 心脏病治好了

第二部分

第21-45题：请选出正确答案。

21. **A** 是运动员
B 身体很好
C 做过手术
D 完全不能运动

22. **A** 划船
B 收小麦
C 去郊区
D 自己做饭

23. **A** 有病毒
B 是最新的
C 是男的给的
D 现在不能用了

24. **A** 男的很喜欢
B 男的觉得好看
C 不小心弄破了
D 女的觉得很时髦

25. **A** 经营得很好
B 要开发新产品
C 打算改变发展方向
D 受到了世界经济的影响

26. **A** 还没驾照
B 打算买车
C 夜里排队加油
D 觉得油价不太贵

27. **A** 海关
B 银行
C 商场
D 邮局

28. **A** 约会迟到了
B 在参加宴会
C 在公司等客户
D 给女的名片了

29. **A** 11 车厢 6 号
B 12 车厢 6 号
C 6 车厢 11 号
D 6 车厢 12 号

30. **A** 下个月初
B 这个月底
C 这个月中旬
D 下个月中旬

31. **A** 回忆过去
B 经常散步
C 随手关门
D 做事从不后悔

32. **A** 赞扬
B 提倡
C 奇怪
D 佩服

33. **A** 很美
B 胸口常常疼
C 生病的样子不美
D 总受到大家的称赞

34. **A** 称赞
B 惊奇
C 无奈
D 看不起

35. **A** 她胸口疼
B 讽刺西施
C 想讨大家可怜
D 想像西施一样美丽

36. **A** 看电视
B 打电话
C 网上聊天
D 发手机短信

37. **A** 看电视剧
B 只看一个频道
C 不停地换频道
D 在客厅看电视

38. **A** 影响工作
B 常常要半小时
C 比打电话效率低
D 需要回复两次以上

39. **A** 喜欢画蛇
B 酒不够喝
C 看谁画得好
D 看谁画得快

40. **A** 他画得好
B 他先画完了
C 他给蛇画了脚
D 他画得很生动

41. **A** 不要做得太多
B 蛇是没有脚的
C 做事要做到最好
D 做了多余的事反而不合适

42. **A** 如何准备考试
B 这个学校的背景资料
C 艺术类专业的录取分数
D 动画设计专业的招生考试情况

43. **A** 动画设计师
B 高考考生的家长
C 负责招生的老师
D 准备报考的考生

44. **A** 博士刚毕业
B 对学校不熟悉
C 是学校的教师
D 是学校的新生

45. **A** 他已经离开学校
B 他马上就要离开学校
C 毕业十年后他回到学校
D 他准备去别的学校读博士

二、阅 读

第 一 部 分

第 46-60 题：请选出正确答案。

46-48.

有一位著名的作家在访问国外 __46__ ，一位朋友带着自己的孩子去他所住的宾馆看望他。他们在谈话间，那个孩子爬上他的床，站在上面跳来跳去，弄得床上很乱。他内心想，如果直接 __47__ 这个孩子，必定会使孩子的父亲感到很抱歉，于是就幽默地对孩子说：“亲爱的小宝贝儿，让我们回到地球上来吧。”孩子的父亲也 __48__ 明白了他的意思：“好，我和他商量商量。”

46. **A** 日期	**B** 时期	**C** 期间	**D** 时代
47. **A** 威胁	**B** 阻止	**C** 逃避	**D** 推辞
48. **A** 不断	**B** 陆续	**C** 立即	**D** 随时

49-52.

小李请他的朋友在一家餐馆里吃饭，他们边吃边谈论这家餐馆的 __49__ 特色。小李对朋友说：“这里的服务员服务真有趣，顾客的所有要求他们从不拒绝。甚至你要一份阳光，他们也会 __50__ 去拿，然后会抱歉地告诉你说阳光刚刚卖完。”朋友听后有点儿不相信。于是，小李叫来一位服务员，很认真地说：“请给我来两份龙肉。”

“先生，请问你喜欢怎样的龙肉？”服务员面带微笑地问道。

“煮得透一点儿的。”

服务员记下了菜名就走了。不一会儿，她回来了，一脸遗憾地对小李说：“先生，真抱歉!”

“怎么，卖完了？”小李故意透出一副很失望的 __51__ 。

“先生，不瞒您说，龙肉还有一点儿， __52__ 。”

49. **A** 招待	**B** 执行	**C** 经营	**D** 挣钱
50. **A** 亲切	**B** 迫切	**C** 耐心	**D** 假装
51. **A** 情绪	**B** 表情	**C** 情况	**D** 表面

52. **A** 不过挺贵的　　**B** 我现在就给您去拿
    C 不过您要等一会儿　　**D** 只是不太新鲜，我不忍心卖给您

53-56.

一天，一位十分漂亮的姑娘在马路上走着，在她的身后有一个时髦青年紧紧地跟着。

姑娘回过头来，不解地问道："你为什么老跟在我后面？"

时髦青年__53__地说："您太美了，我爱您，您是美丽姑娘中最美丽的一个。"

姑娘笑着说："谢谢，在我后面走着我的妹妹，她比我美多了！"

"是真的吗？"时髦青年一听非常高兴，马上转身跑去。

他跑啊跑，可__54__看不到姑娘的影子，只看到从后面走来一个老太婆。他知道上了当，又回身去追赶美丽的姑娘，他问道："你为什么骗人？"

"不，是你骗了我！__55__你是真心地爱我，那你就不会跑去追另一个女人了。"

时髦青年__56__说得脸红了。

53. **A** 盼望	**B** 安慰	**C** 激动	**D** 感动
54. **A** 根本	**B** 简直	**C** 彻底	**D** 幸亏
55. **A** 宁可	**B** 哪怕	**C** 要是	**D** 要不
56. **A** 被	**B** 把	**C** 趁	**D** 使

57-60.

博客，简单说就是一种网络日记，如果说文化是一种生活状态，那么博客文化就是网上最平凡的生活状态之一。加入博客并不需要什么特殊技能。以文字为主的博客甚至不需要声音、图片等表现形式，它以文字这种最简单的__57__表达人们对生活的态度。只需要一台电脑、一个键盘和思想，你就可以成为博客的一员。随着博客的普及，大部分人觉得博客最能反映自己的思想，能让人感受网络的平等和自由。

博客作为一种新的表达方式，它不仅__58__情绪，而且博客里还包含了大量的智慧、意见和思想。从某种意义上说，它也是一种新的文化__59__，博客的出现和繁荣，真正反映出网络的知识价值，__60__着网络发展开始进入更高的阶段。

57. **A** 态度	**B** 方式	**C** 状态	**D** 趋势
58. **A** 宣传	**B** 传播	**C** 推广	**D** 传说
59. **A** 性质	**B** 现象	**C** 资格	**D** 证据
60. **A** 所谓	**B** 属于	**C** 显示	**D** 标志

第 二 部 分

第 61-70 题：请选出与试题内容一致的一项。

61. 中国是一个文明古国，有几千年的历史，加上中国国土面积大，各地自然条件差别明显，各地的饮食习惯各不相同。比如四川人好吃辣，上海人好吃甜，山西人喜欢吃醋。因此，中国的饭菜种类繁多，味道鲜美，闻名世界。

A 中国历史悠久
B 四川人喜欢吃甜的
C 中国各地饮食习惯差不多
D 世界各国的人都喜欢吃中国菜

62. 我的理想是这样的：在一个不太热闹的小镇，开一间小酒吧，生意不一定红火，店里只坐几个客人，我呢，老板兼服务员，就坐在吧台后面，偶尔迎接一下客人。店里能传出钢琴声，最好窗外下着点儿小雨。

A 酒吧里最好很热闹
B 酒吧里能有架钢琴
C 我要招聘很多服务员
D 我希望酒吧能挣很多钱

63. 说到钱，北方人喜欢说“挣钱”，南方人喜欢说“赚钱”。“挣钱”给人的感觉好像是很苦的事，而“赚钱”则显得容易多了。其实挣钱赚钱是一样辛苦、一样困难的。北京人称赚大钱的人“大款”，称陪伴“大款”叫“傍大款”。“傍大款”赚钱很简单，但让大多数人觉得不舒服。每个人都希望有钱，挣钱的方式也各不相同，但应该合法挣钱。

A “挣钱”是南方方言
B “大款”是有钱的人
C 挣钱的方式都差不多
D 挣钱比赚钱轻松得多

64. 读书不仅能增长一个人的知识，还能在一定程度上反映一个人的性格。喜欢爱情小说的人，是感情型的，性格乐观，可以很快从失望中恢复过来。喜欢读史书的人，具有一定的创造力，他们宁可花时间做一些有建设性的工作，也不愿参加没有实际内容的活动。

A 从读书可以看出人的性格
B 喜欢看历史书的人很悲观
C 喜欢看历史书的人富有感情
D 喜欢看爱情小说的人有创造力

65. 11 月 11 号是光棍节，“光棍” 就是 “单身” 的意思。光棍节是在年轻人中间流行的娱乐性节日，产生于大学校园，并通过网络等媒介迅速传播开来，逐渐形成了一种光棍节文化。光棍节并不是男性独有的节日，女性也有很多单身的，很多时尚单身女性也自愿过起了光棍节。

A 光棍节产生于职场
B 只有男性才过光棍节
C 光棍节是一种传统节日
D 光棍节是单身一族的节日

66. 桂林位于广西东北部，是中国历史文化名城。桂林气候温和，热量丰富，夏长冬短，四季分明。桂林美丽的自然风光、多种民族风情、深厚的历史文化深深地吸引着中外游客。桂林的山水更是天下闻名，历来有 “桂林山水甲天下” 的美称。

A 桂林没有冬天
B 桂林没有少数民族
C 桂林的山水非常有名
D 桂林位于中国东北部

67. 在中国，火车上没有很严格的规定，无论你是几等车厢，人们通常不会在意你在他们旁边休息一会儿。大家有的聊天，有的吃着零食，有的看着报纸杂志。我曾不止一次看到，甚至陌生人也会被邀请一块儿打扑克。总的来说，车厢里的气氛很友好。

A 火车上不能聊天
B 火车上规定很严格
C 乘客们一般都很友好
D 乘客只能坐自己的位子

68. 有一家做鞋的公司，为了开发国际市场，派两名调查员到一个小岛上去做调查。一个调查员的报告是：“很遗憾，这个岛上的居民根本就没有穿鞋的习惯。” 他的态度很悲观，没人穿鞋，当然不可能有市场。另一个调查员的报告是：“太好了！这里的居民都没穿鞋。” 他的态度很乐观，认为这里有非常好的发展条件，是一个值得开发的新市场。

A 这个岛上的人都有鞋
B 两个人得出了相同的结论
C 两个人都觉得这里不适合卖鞋
D 有一个人觉得在这里卖鞋会有市场

69. 地球以同样的速度在转，而我们感觉时间行走的速度却不一样。在农村觉得日子慢，而在城市却觉得日子快。调查证明，很多大城市的人们普遍过着高速行驶的生活，这种生活对健康造成了严重的威胁。心理学家提醒人们，有时短短几分钟散步、听音乐、思考就可以让紧张的生活放松下来。放慢脚步让自己的日子慢一点儿可以使人冷静，大家不妨在忙碌中“忙里偷闲”，体会一下生活的悠闲。

A 忙碌对身心有好处
B 在农村觉得时间很快
C 散步会让人心情紧张
D 人们对时间感受并不都一样

70. 剪纸是中国最普及的民间传统装饰艺术之一，有着悠久的历史。剪纸最初是由许多农村妇女休闲时制作用来美化生活的。现在全国各地都能见到剪纸，甚至形成了不同的地方风格。剪纸不仅表现了老百姓对美的追求，而且反映了一个民族的社会心理。

A 剪纸是对美的追求的表现
B 剪纸的风格在全国各地统一
C 剪纸在中国流行的时间不长
D 剪纸只能在中国的某些地区看到

第 三 部 分

第71-90题：请选出正确答案。

71-74.

人生一定要幸福，怎样才能幸福呢？

第一，要有一颗平常的心。大家都觉得我是一个很成功的人，只有我自己知道我并没有得到幸福。为了找到幸福的感觉，我辞掉了所有工作到山区去住。一天，我到山下买东西，在一个水果摊旁边突然有人跑过来对我说："请问这个水果多少钱？"我很生气，我的样子怎么可能像卖水果的呢？我又跑到卖肉的地方，有人跑来问我："老板，猪肉多少钱一斤？"这次经历给我很好的启发：你跟所有人一样，但是内在是不一样的，幸福的感觉是由你的内心决定的。

第二，要有喜悦的心情。怎样可以做到喜悦？其中有两个方法，一是快乐活在当下，一是尽心了就是完美的。有一个徒弟问师傅："您是怎么让自己快乐的？"师傅说得很简单：就是吃饭的时候吃饭，睡觉的时候睡觉。有一个年轻人说他要找一个最完美的女子才结婚。结果60年过去了他仍在寻找。他说30岁时曾经找到一个，但对方说自己也在找最完美的男人！其实，发现人生的不完美才能快乐。最完美的是不存在的，只要你尽力就好了，尽力后就可以不用后悔。

71. 关于作者，可以知道什么？

A 是卖肉的
B 是卖水果的
C 想找到幸福
D 觉得自己很幸福

72. 画线词"喜悦"是什么意思？

A 喜欢
B 愉快
C 喜爱
D 安慰

73. 那个年轻人为什么一直没结婚？

A 没人爱他
B 觉得结婚不快乐
C 觉得结婚不幸福
D 想找最完美的女子

74. 下列哪一项不是作者的观点？

A 最完美的东西是没有的
B 每个人的内在是不同的
C 做到最完美了才不会后悔
D 自己的内心觉得幸福就是幸福

75-78.

从前，有甲、乙两个很饿的人分别得到了一位老人的不同礼物——一根钓鱼竿和十斤大活鱼。甲要了十斤鱼，乙要了那根鱼竿，然后他们各自走开了。甲就在附近找了些干柴，把十斤鱼都做熟了。他大口大口地吃鱼，一会儿就连鱼带汤都吃完了。没过多久，他就饿死了。乙很饿，但是他坚持向前走，他一点点地、艰难地向海边走去，可是当他看到大海的时候，已经饿得一点儿也走不动了，最后他也饿死了。

还有丙、丁两个人，他们也得到了老人的礼物——一根鱼竿和十斤鱼。他们互相说好一起去寻找大海，一起钓鱼。一路上，虽然饿，但他们俩每次只吃一条鱼。经过很远的路，他们终于来到海边，正好鱼也吃完了。从那以后，两人开始了捕鱼的生活。几年后，他们有了自己的房子，有了各自的家庭、孩子，有了自己的小船，过上了幸福的生活。

一个人只想到解决眼前的问题，得到的只会是短时间的愉快；一个人要想得到尽量长远的利益，首先要完成好眼前的工作。只有把将来和现在的问题放在一起想办法解决，才会得到我们最满意的结果。

75. 甲、乙两个人是怎么死的？

A 病死的　　**B** 累死的

C 饿死的　　**D** 吃得太多

76. 丙、丁两个人：

A 生活在了一起　　**B** 一起找到了大海

C 其中一个饿死了　　**D** 其中一个找到了大海

77. 下面哪种说法符合本文的意思？

A 四个人都得到过老人的礼物

B 甲、乙两人都没有找到大海

C 丙、丁两人组成了一个家庭

D 丙、丁两人中的一个过上了捕鱼的生活

78. 本文主要说明：

A 现在的生活最重要

B 我们只要解决当前的问题

C 我们应该主要考虑将来的生活

D 我们应该把现在和将来结合起来考虑

79-82.

战国时期有一位名叫塞翁的老人，他养了许多马。一天，马群中忽然有一匹走丢了。邻居们听到这事，都来安慰他不必太着急，年龄大了，多注意身体。塞翁见有人劝慰，笑笑说："丢了一匹马损失不大，没准儿还会带来福气。"

邻居听了塞翁的话，心里觉得好笑。马丢了，明明是件坏事，他却认为也许是好事，显然是自我安慰而已。可是过了没几天，丢的马不仅自动回家了，还带回另一匹马。

邻居听说马自己回来了，非常佩服塞翁的预见，说："还是您有远见，马不仅没有丢，还带回一匹好马，真是福气呀。"

塞翁听了邻人的祝福，反倒一点儿高兴的样子都没有，忧虑地说："白白得了一匹好马，不一定是什么福气，也许会有什么麻烦。"

邻居们以为他这是老年人的狡猾，心里明明高兴，有意不说出来。塞翁有个独生子，非常喜欢骑马。他每天都骑马出游，心中十分得意。一天，他高兴得有些过头，打马飞奔，一不小心从马背上掉了下来，摔断了一条腿。邻居纷纷来慰问。塞翁说："没什么，腿摔断了却没有生命危险，或许是福气呢。"邻居们想不出摔断腿会带来什么福气。

不久，战争爆发了，青年人都被拉去当兵，塞翁的儿子因为摔断了腿，不能去当兵。许多当兵的青年都在战场上牺牲了，而塞翁的儿子却因为腿断保全了性命。

79. 塞翁的马丢了后心情怎么样？

A 平静 **B** 愤怒 **C** 着急 **D** 伤心

80. 关于塞翁的儿子，下面哪种说法正确？

A 战死了 **B** 当了士兵
C 留在了家中 **D** 不爱好骑马

81. 根据本文，下面哪种说法正确？

A 塞翁丢的马再也没回来
B 邻居们觉得塞翁很骄傲
C 儿子摔断了腿塞翁很伤心
D 事实证明每次塞翁说的话都是对的

82. 这个故事告诉我们：

A 对未来要有远见 **B** 要像塞翁一样乐观
C 塞翁能看到未来的事情 **D** 任何事情都有好与坏两面

83-86.

春天的到来让天天开车上班的有车一族明显地感觉到精神不能高度集中，一不小心就和前面的汽车有了春天的第一次亲密接触。对车主来说，春困常常影响行车安全。因此为了保证行车安全，车主必须注意以下几个方面：

既然是“困”，当然最重要的还是“睡”。春天天气变暖了，白天变长了，人们对睡眠时间的缩短还不是很适应，因此车主要保证充足的睡眠，早睡早起，生活要有规律，保证每晚 7 小时的睡眠时间，最好在晚上 12 点前睡觉，有条件的情况下，最好能有 40 分钟的午休时间，为精神“充电”，这样才能随时保持大脑的清醒。

除了睡眠充足，还要在饮食上进行适当的调整。多吃水果蔬菜，比如胡萝卜、绿色蔬菜、黄豆、土豆、苹果等，这些食物有消除疲劳、保持清醒的功能。

除此之外，开车前要吃好，但也不能吃得过饱。在开车前最好不要大量饮用牛奶，因为牛奶具有催眠的作用，会使人疲倦度增加。在车上可以储备一些绿茶或咖啡。

最后，在开车过程中，车主可以听一些轻松的音乐，以保持清醒。特别要提醒车主，天气变暖，在开车的途中应该适当打开车窗吹吹风、透透气，空气不流通更容易让人产生疲劳感。

83. 根据这篇文章，司机如何保证充足的睡眠？

A 早睡晚起　　**B** 白天睡一个小时

C 每晚 9 个小时的睡眠　　**D** 最晚不超过 12 点睡觉

84. 下面哪种食物不利于司机消除疲劳？

A 土豆　　**B** 苹果

C 咖啡　　**D** 牛奶

85. 下面哪种方法不利于开车时消除疲劳？

A 常开车窗　　**B** 听听音乐

C 保证午休时间　　**D** 开车前多喝牛奶

86. 下面哪一项适合作为这篇文章的标题？

A 如何开车　　**B** 如何防止春困

C 春天如何安全行车　　**D** 春天如何保证睡眠

87-90.

战国时期，秦王委托商鞅（yāng）主持改革。

当时，商鞅要在秦国实行改革是很困难的。一方面，社会上的一些有钱人反对改革，因为改革会损害他们的利益；另一方面，老百姓也不相信秦王会真心实意地进行改革。于是，他在新的法律执行之前，想了好几天，终于想出了一个取得老百姓信任的好办法。

这天清晨，商鞅派人在都城的南门竖起了一根很高的木柱，并在南门城楼上告诉大家：谁能把这根大木柱搬到北门，就给他十两黄金。老百姓想，这根木柱谁都搬得动，这么容易就给十两黄金，这不是开玩笑吗？

看热闹的人越来越多，可就是没人去碰那根木柱。第二天，商鞅看没人动，就说："谁能把这根大木柱搬到北门，就给他五十两黄金。"这时从人群中走出一个小伙子，扛起大木柱，朝北门走去。一边走，一边说着："我倒要看看，这位大人说话算数不算数。"当小伙子到达北门时，商鞅立即当众把五十两黄金给了他。

商鞅认真地对大家说："为了使咱们的国家强大起来，我受秦王的委任，负责推行改革。今后，凡是按新法办事的，都有重奖，就像这位扛大木柱的小伙子一样。"说完，他便叫人把新的法律挂了出来。这回大家绝对相信商鞅的话了。

87. 开始老百姓为什么都不去搬那根木柱？

A 觉得钱不多
B 一般人搬不动
C 搬这根木头很辛苦
D 不相信能得到那么多钱

88. 商鞅这么做的目的是什么？

A 鼓励老百姓
B 找人搬那根木头
C 取得老百姓的信任
D 得到有钱人的支持

89. 小伙子为什么愿意搬那根木头？

A 他相信商鞅
B 想得到五十两黄金
C 想看看自己能不能搬得动
D 想看看商鞅的话是不是真的

90. 根据本文，商鞅应该是什么人？

A 商人
B 政治家
C 科学家
D 经济学家

三、书 写

第 一 部 分

第 91-98 题：完成句子。

例如：发表　这篇论文　什么时候　是　的

这篇论文是什么时候发表的？

91. 勇气　我们　要有　接受　挑战

92. 把　灾害的损失　最低　一定要　降到

93. 被　优势　忽视了　新设备的　我们

94. 趁　社会生活　应该　多体验　年轻

95. 比以前　出口企业的　经营规模　目前　缩小了很多

96. 推广方案　新产品的　广告部　由　执行

97. 整体经营　作为　要　公司的　总裁　负责

98. 论文提纲　我　征求　教授的意见　拿着　去

第 二 部 分

第 99-100 题：写短文。

99. 请结合下列词语（要全部使用），写一篇 80 字左右的短文。

婚礼、气质、勇气、邀请、主持

100. 请结合这张图片写一篇 80 字左右的短文。

一　听力

新 HSK 五级的听力分两个部分：第一部分 20 题，每题听一次。每题都是两个人的两句对话，第三个人根据对话提一个问题，试卷上提供 4 个选项，考生根据听到的内容选出答案。第二部分 25 题，每题听一次。这部分试题都是 4－5 句对话或一段话，根据对话或语段问一到几个问题，试卷上每题提供 4 个选项，考生根据听到的内容选出答案。新 HSK 五级听力主要考查学生对五级新增词、习惯语以及四级听力部分未涉及的生活场景中对话内容的理解。

第一部分测试重点：不同对话场景里特定词语的理解；时间、地点、职业的理解判断；说话者语气与态度的理解。

第二部分测试重点：生活场景中的长对话理解；叙事类语段的理解；说明类语段的理解；调查研究类语段的理解。

第一单元　听力第一部分

考试题型

【样题】　请选出正确答案。

女：明天上午 9 点我准时到。

男：我觉得还是提前几分钟吧。

问：男的主要是什么意思？

A 9 点太早了　　**B** 他不会迟到　　**C** 可能不参加　　**D** 应该早点儿来√

（选自《新汉语水平考试大纲 HSK 五级》）

这部分每个题都是一段对话，要求考生能结合对话给出的对话场景，抓住关键词语传达的信息，理解说话人的谈话内容、时间、地点、态度、语气等。谈话内容主要涉及对话地点、时间、天气与气候、职场生活、医疗健康、交通、运动、数码产品、网购、预订、住房、影视、饮食、学业、购物、经营等。考生要特别关注能体现五级新增词使用环境的一些生活场景，这是考查的重点。

解题技巧

（一）题型测试重点一：不同对话场景里特定词语的理解

新 HSK 五级的新增词提供了很多新的生活主题与场景，这些场景中除了四级考题中常见的场景外，还有反映当下生活比较热门的主题，如住房、影视、网购等，因此备考时需要对与这些主题相关的重点词语进行梳理，以提高考试过程中对这些词语的听辨能力。

表 1-1　与听力话题有关的重点词语举例

医疗与健康	挂号　过敏　内科　神经　手术　心脏　失眠　恢复　呼吸　刺激　戒烟　预防　去世　消化　诊断　治疗　营养　着凉　肌肉　肩膀　吸收　打喷嚏　救护车　胃　晕
交通	车厢　行人　拐弯　迷路　遵守　意外　罚款　汽油　降落　晚点　航班　倒车　驾驶执照　绕
数码	数码　电池　病毒　鼠标　键盘　硬件　软件　设备　信号　录音　摄影　浏览　下载　光盘　复印机　充电器　麦克风
网购	快递　运输　付款　账户　发货
住房	阳台　客厅　卧室　车库　公寓　中介　装修　卫生间
运动	冠军　滑冰　划船　教练　决赛　排球　球迷　射击
影视	导演　频道　明星　字幕　人物　情景　主持　戏剧　角色　连续剧
饮食	小吃　点心　豆腐　骨头　海鲜　花生　黄瓜　酱油　烤鸭　辣椒　粮食　零食　馒头　蔬菜　土豆　玉米　小麦　结账　口味　垃圾食品　煮　炒　煎
学业	本科　测验　单元　辅导　化学　及格　讲座　教材　课程　论文　物理　作文　学期　学术　学问　录取　培养　试听　系
购物	柜台　名牌　刷卡　现金　优惠　零钱
职场	经营　企业　项目　总裁　秘书　简历　签字　文件　合同　方案　支票　名片　发票　行业　前途　日程　合作　退休　推广　召开　挣钱　宣传　执行　宴会　招待　辞职　待遇　单位　会计　人才　人事　人员　业务　销售　老板　客户
经济	出口　风险　工业　股票　汇率　进口　利润　利息　贸易　农业　破产　商业　数据　投资　资金　资源　涨　税

表 1-1 中的词语是考生应对五级听力第一部分要掌握的重点词语。除了要掌握这些重点词语外，考生在做每一道听力题前，应先快速扫视选项，以便在听录音前预测即将听到的内容和可能发生的场景，这有助于提高答题的正确率。

【例 1】　女：你的失眠好些了么？

男：还是睡不好，今天打算去看看中医，买些中药试试。

问：关于男的，可以知道什么？

A 睡眠不好√　　B 身体很好　　C 是位大夫　　D 不相信中医

（选自《新汉语水平考试大纲 HSK 五级》）

读到这 4 个选项，考生就可以预测该题的内容应该与健康、医疗有关。考生如果备考时积累了一定词汇量的话，那么一看到选项“A 睡眠不好”很快会联想到“失眠”这个词。在这个基础上来听题就更有针对性，从而大大提高答题的准确率。再如：

【例 2】　男：祝贺你，这么快就拿到驾照了。

女：驾照虽然拿到了，但毕竟是新手，一倒车心里就紧张，我得多练练倒车。

问：关于女的，可以知道什么？

A 开车很熟练　　B 买了辆新车　　C 还没拿驾照　　D 想多练习倒车√

（选自《新汉语水平考试大纲 HSK 五级》）

读到这 4 个选项，考生可以马上预测这题与“开车”有关；选项中还有“驾照”、“倒车”、“熟练”这些词，可以进一步预测这题谈论的可能和“开车的技术”有关。考生有了这些准备，再听题时就有了一定的针对性。

同步练习一

第 1-20 题：请选出正确答案。

1. A 过敏　　B 胃疼　　C 皮肤痒　　D 肩膀疼
2. A 他在住院　　B 姥姥病了　　C 他要出院了　　D 姥姥的病更严重了
3. A 男的是大夫　　B 鸡蛋有营养　　C 女的消化不好　　D 一天要吃 3 个鸡蛋
4. A 绕了路　　B 走错了路　　C 他的车被撞了　　D 记错了地方
5. A 钱不够　　B 没现金　　C 要结账　　D 会修机器
6. A 机场　　B 飞机上　　C 自己公司　　D 客户公司
7. A 男的在借手机　　B 男的没有充电器
   C 女的手机没电了　　D 他们俩的手机是一个牌子
8. A 在网上　　B 在光盘上　　C 传起来快　　D 将被复制到光盘上
9. A 还没发货　　B 已经收到　　C 在网上买的　　D 在商场买的
10. A 在买房　　B 决定签合同　　C 对公寓很满意　　D 对客厅不满意
11. A 看电视　　B 看体育报纸　　C 男的告诉他　　D 看手机新闻
12. A 很受欢迎　　B 导演不错　　C 讲农民的生活　　D 男的觉得摄影不错
13. A 每天都有　　B 所有商品打折　　C 名牌商品打折　　D 男的了解具体情况
14. A 没风险　　B 利息高　　C 一定能赚钱　　D 比存银行合适
15. A 已经签了　　B 公司能挣很多钱　　C 需要的资金不多　　D 对公司不太有利
16. A 效果很好　　B 不用减肥　　C 最好别吃零食　　D 应该多去健身房
17. A 煮豆腐　　B 煎豆腐　　C 炒骨头　　D 煮黄瓜
18. A 公司的经营　　B 男的做的事情　　C 员工职务的变化　　D 男的关心的事情
19. A 听哲学讲座　　B 报名参加讲座试听　　C 咨询研究生考试　　D 试听考研辅导讲座
20. A 写他的单位　　B 写他的名字　　C 写客户的名字　　D 写客户的单位

（二）题型测试重点二：时间、地点、职业的判断

时间、地点、职业的判断在五级的听力考试中也是重点关注的内容，考生仍然需要以五级词汇大纲

中出现的新词为基础来做相关的词汇准备。

例如，五级词汇大纲中出现了“旬”这个时间词，它的意思是“10 天”，上旬是每月“1－10 号”、中旬是每月“11－20 号”、下旬是每月“21－30/31 号”，考生需要了解这些，才能正确答题。

又如，大纲中出现的“海关”这个地点词，它是行使进出口监督管理的国家行政机关，考生在听题过程中还需要能听辨出“税、进口、出口”等相关词语。

再如，大纲中出现的“编辑”这个职业词，考生在听题的过程中就需要能听辨出“字数”、“发表”、“修改”等相关词语。

在解答这类考题时，可以注意以下几个小窍门：

1. 关于时间的提问，要判断提问的是时点还是时段。时间在听力考试中的提问常常分为两类：一类是时点，即提问的是某一活动或事件发生在什么时候/几点；另一类是时段，即提问的是某一活动或事件持续多长时间。考生可以通过选择项来判断该题提问的是时点还是时段。

【例 3】　女：谢谢你的礼物，真没想到你还记得我的生日。

男：我的生日正好是十月一号国庆节，第二天就是你的生日，很好记。

问：女的生日是哪天？

A 9 月 30 号　　B 10 月 1 号　　C 10 月 2 号√　　D 10 月 3 号

（选自《新汉语水平考试大纲 HSK 五级》）

从这 4 个选项很容易就知道该题提问的是时点。

2. 排除对话中的干扰时间。这类题在对话中常常会出现一些干扰的时间，如上题起干扰作用的是“十月一号国庆节”，这需要考生做出正确的判断，不要听到一个时间时就盲目地作出判断，一定要将整个句子听完。

3. 对时段的提问要抓住起止时间点。如果通过选择项考生判断出提问的是时段，那么在听题的过程中一定要注意起止的时间点，这是听辨的关键。

【例 4】　女：暑假里有什么计划吗？

男：我打算和朋友去西安看看名胜古迹。七月中旬出发，月底回来。

问：男的打算去西安多久？

A 一个星期　　B 半个月√　　C 一个月　　D 两个月

（选自《新汉语水平考试真题集（五级）》）

从 4 个选项中我们就可以判断出这个题提问的是时段。考生如果能听辨出两个重要的起止时间“七月中旬”和“月底”的话，就很容易知道答案是 B。

表 1-2 是五级词汇大纲中新出现的表示时间的词语。

表 1-2　时间词语举例

时间词	傍晚　目前　如今　至今　夜里　过期　延长　一辈子 国庆节（10 月 1 日）　元旦（1 月 1 日）　上/中/下旬 礼拜一/二/三/四/五/六/天

4. **判断对话中有关地点、职业的标志性词语**。在解答有关地点、职业的考题时，主要应围绕五级词汇大纲中新出现的地点、职业方面的词语来做准备。地点、职业的判断常常是通过对话中能体现这个地点或这个职业特征的标志性词语来进行的。

【例5】 男：车快开了，我要上车了。

女：好，祝你一路平安。到了以后给我来电话。

问：他们最可能在哪儿？

A 车站√ B 学校 C 医院 D 机场

（选自《新汉语水平考试大纲 HSK 五级》）

该题的答案是“车站”，主要的标志性词语有“上车”、“一路平安”，考生只要能听辨出这两个词语就很容易知道答案是A。

【例6】 女：我刚才在路上碰到您太太了。

男：她要去学校，今天是高考第一天，她得做专题报道。

问：他太太最可能是做什么的？

A 记者√ B 教练 C 学生 D 画家

（选自《新汉语水平考试大纲 HSK 五级》）

该题的答案是“记者”，主要的标志性词语是“专题报道”，这里也有一个干扰词“高考”，它很容易误导考生选择C，因此在听辨的过程中随时都要注意排除这些干扰词语。

表1-3、表1-4是五级词汇大纲中新出现的与地点、职业相关的词语。

表1-3 地点词及与地点相关的词语举例

地点	相关词语
餐厅	菜 汤 包子 茶 菜单 勺子 叉子 饿 结账 顾客 服务员
操场	体育 活动 锻炼 运动 踢球 打篮球
健身房	教练 锻炼 跑步机 减肥
广场	表演 大型
海关	税 进口 出口 签证 免税 放行 护照 身体检查 安全检查
郊区	钓鱼 旅游 农村 农民 农业 爬山 森林
酒吧	吧台 酒水 约会 啤酒 咖啡 唱歌 干杯 啤酒 气氛 安静
俱乐部	办理 参加 登记
邮局	寄 包裹 邮票 信封 明信片
幼儿园	玩具 阿姨 儿童 小朋友
法院	罪犯 律师 赔偿
博物馆	年代 历史 价值

表 1-4　职业词及与职业相关的词语举例

职业	相关词语
班主任	班会　请假　家长会
编辑	期　出版　字数　题目　发表　文章　缩短
导演	电视　电影　角色　表演　广告　录音　明星　戏剧　演出　演员　动画片　纪录片　开幕式　连续剧
工程师	光盘　技术　软件　硬件　数码　网站
工人	钢铁　工厂　工业　机器　零件　设备　生产　退休　干活儿
解说员	届　比赛　介绍　决赛　评价　球迷　排球　网球　篮球　乒乓球
农民	农村　农业　干活儿
士兵	枪　革命　军事　命令　侵略　维护　战争　英雄
志愿者	服务
总统/总理/皇帝	宣传　选举　发言　访问　民主　民族　权力　统治　外交　政府
专家	调查　讲座　实验　学术
老板/总裁/领导	签字　出差　管理　合同　公司　负责　会议　经营　竞争　贸易　批准　企业　商业　谈判　项目
秘书	日程　安排　传真　打印　复印
主持人	观众　嘉宾　收看　广播　节目　频道　麦克风

同步练习二

第 1-20 题：请选出正确答案。

1. A 操场	B 医院	C 俱乐部	D 健身房
2. A 邮局	B 银行	C 海关	D 火车站
3. A 酒吧	B 市场	C 超市	D 餐厅
4. A 邮局	B 餐厅	C 地铁	D 俱乐部
5. A 操场	B 郊区	C 动物园	D 电影院
6. A 早上	B 中午	C 半夜	D 傍晚
7. A 半个月	B 一个月	C 两个月	D 一个半月
8. A 1 月初	B 12 月初	C 12 月底	D 12 月中旬
9. A 周一	B 周末	C 周日	D 周六
10. A 2 月	B 1 月初	C 1 月下旬	D 12 月初
11. A 总裁	B 经理	C 秘书	D 解说员

12. A 秘书　　B 老师　　C 解说员　　D 主持人

13. A 职员　　B 工人　　C 老板　　D 农民

14. A 导演　　B 班主任　　C 主持人　　D 解说员

15. A 记者　　B 志愿者　　C 销售员　　D 广告人员

（三）题型测试重点三：说话人语气与态度的理解

新 HSK 五级的听力部分同样有这一类型的题，但是它是以五级里新出现的这类词为重点的，因此在备考时考生有必要将五级里面有关语气与态度的词语进行整理，掌握了这些词语将对解答这类题型起到事半功倍的效果。

表 1-5　有关语气与态度的词语及相应的句式

态度语气	句　型	态度语气	句　型
请求	请……吗？ 好吗？ 可以吗？ 行吗？	命令	站住！ 你给我把车开走！ 别理他！ 我要你把那些信件交出来！
乐观	我相信…… 一定有办法的。	悲观	我觉得这事没有什么希望。 这次我肯定考不上。
提倡	大家应该多吃水果和蔬菜。 学习汉语应该多听多说。	抗议	我们都不同意你的想法。 父母坚决不同意她出国的请求。
赞成	好！ 太好了，我完全赞成！ 我赞成你的意见。 你的意见太好了。	阻止	你别去了。 这件事做了也没有什么意义。
祝福	祝你新春愉快。 祝你寒（暑）假过得愉快！ 祝你早日恢复健康！ 祝你找到一份理想的工作！ 祝你一切顺利！	讽刺	你真聪明！（≈你真笨！） 你真会说话！（≈你真不会说话！） 你真是世界上第一大好人！ 你好，你是天下第一好人！（≈你不那么好。）
赞美 称赞 夸奖 佩服	了不起/真厉害！ 你这样做值得表扬。 这里的风景真美！ 你真是一个听话的好孩子！	轻视 看不起	你知道什么？ 他还是个孩子，知道什么？ 我最看不起他！ 他算什么？ 他这个人什么也干不成。
诚恳	真心希望你能接受我的邀请。	不耐烦	你别再说了。 你怎么没完没了了？

续表

态度语气	句　型	态度语气	句　型
谨慎	这件事我们再商量商量吧。 你还是小心些好。	犹豫	这个……咱们以后再说吧。 那……没什么。 啊……好吧。 就这么着吧。
意外	真的吗？ 真没想到！ 谁会想到是这样的结果。 真叫人难以相信！ 这事发生得太突然了。 听到这个消息我吃了一惊。	无奈	我感到很无奈！ 我实在没有办法。 遇到这种情况，能有什么办法呢？ 我实在拿他没办法。
惭愧	这次真不好意思。 孩子都能做的事，我却没做到。	责备	你怎么能这样呢？ 他不能随便把别人的东西拿走。
遗憾	太遗憾了。 真可惜，你没有来。	愤怒	我真受不了这样的人！ 你给我出去！
委屈	明明不是我的错，怎么能怪我呢？ 我也是为了他好啊。	威胁	你敢走！ 不信就试试看！ 限你三天把钱还来，不然的话就要罚款了。
逃避	这事以后再说吧。 我不知道，你问问别人吧。		

同步练习三

第 1-15 题：请选出正确答案。

1. A 安慰　B 责备　C 询问　D 称赞
2. A 委屈　B 遗憾　C 反对　D 赞成
3. A 积极　B 责备　C 惭愧　D 不耐烦
4. A 讽刺　B 鼓励　C 反对　D 请求
5. A 无奈　B 气愤　C 遗憾　D 惭愧
6. A 抗议　B 命令　C 轻视　D 谨慎
7. A 鼓励　B 骄傲　C 惭愧　D 遗憾
8. A 谦虚　B 威胁　C 抗议　D 无奈
9. A 祝福　B 悲观　C 意外　D 看不起
10. A 配合　B 阻止　C 无奈　D 不耐烦
11. A 羡慕　B 讽刺　C 赞美　D 祝福

12. A 讽刺　B 责备　C 乐观　D 谨慎
13. A 愤怒　B 反对　C 乐观　D 称赞
14. A 乐观　B 佩服　C 祝福　D 安慰
15. A 委屈　B 安慰　C 无奈　D 逃避

应试速练一

第 1-20 题：请选出正确答案。

1. A 着凉　B 失眠　C 精神不错　D 工作努力
2. A 上网　B 通电话　C 听广播　D 坐电梯
3. A 被罚款了　B 忘带驾照了　C 还没考驾照　D 违反交通规则
4. A 租房住　B 住新房　C 没房住　D 在搬家
5. A 着凉了　B 不抽烟　C 在戒烟　D 工作很辛苦
6. A 不吃辣椒　B 只吃蔬菜　C 少抽烟　D 不抽烟
7. A 很感谢家人　B 对教练很感激
   C 没取得个人最好成绩　D 获得了设计比赛第一名
8. A 约会　B 招聘　C 聊天　D 商业谈判
9. A 明星　B 演员　C 主持人　D 班主任
10. A 换行业　B 提高利润　C 开发新产品　D 跟其他企业一样
11. A 报纸　B 网站　C 电视台　D 车站灯箱
12. A 挣钱多少　B 压力大不大　C 自己喜欢不喜欢　D 是否与专业相关
13. A 提倡　B 赞同　C 无奈　D 佩服
14. A 很有钱　B 生意不错　C 经营得很好　D 是做出口生意的
15. A 编辑　B 老师　C 记者　D 服务员
16. A 看京剧　B 听音乐　C 看电视　D 吃烤鸭
17. A 12 月 25 号　B 12 月 31 号　C 1 月 1 号　D 1 月 4 号
18. A 小学　B 家里　C 玩具店　D 幼儿园
19. A 骄傲　B 佩服　C 乐观　D 诚恳
20. A 教授　B 记者　C 编辑　D 士兵

第二单元　听力第二部分

考试题型

【样题】　请选出正确答案。

女：您好！欢迎光临。请问您几位？

男：三个，我们提前预订了。

女：好的，请问先生您怎么称呼？

男：我姓李。

女：李先生，里面请，靠窗户的那个桌子是给您预留的。

问：根据对话，下列哪项正确？

A 他们在饭店√　　B 现在是下午　　C 他们在开会　　D 男的想买桌子

第 35 到 36 题是根据下面一段话：

一个很有名的作家坐火车去外地。当火车上的工作人员检查车票时，他翻了每个口袋，也没有找到自己的车票。正好这个工作人员认识他，于是就安慰他说："没关系，如果您实在找不到车票，那也没事。""怎么能没事呢？我必须找到那张车票，不然的话，我怎么知道自己要去哪儿呢？"

35. 作家找不到车票，工作人员是怎么做的？

A 让他补票　　B 帮他找车票　　C 表示没关系√　　D 让他一定找到

36. 作家为什么一定要找车票？

A 车票很贵　　B 不想麻烦别人

C 他知道车票在哪儿　　D 想知道自己要去哪儿√

（选自《新汉语水平考试大纲 HSK 五级》）

听力第二部分共 25 题，分两类题型：一类是 4 – 5 句对话，一类是提供一小段话。根据对话或语段问一个或几个问题，每题提供 4 个选项，考生根据听到的内容选出答案。与第一部分相比，第二部分具有以下特点：一是对话篇幅更长，语段使用的句子也相对更长，更复杂；二是这部分重点测试考生对较复杂的对话和较复杂的语段的记忆、理解和逻辑推理能力，对考生的听辨能力提出了更高的要求。

解题技巧

（一）题型测试重点一：日常生活中的场景对话

听力第二部分出现的对话通常都发生在我们的日常生活中，比如：飞机乘务员和乘客之间的对话、招聘者与应聘者之间的对话、领导与秘书之间的对话、出租车司机与乘客之间的对话、医生与患者之间的对话，谈论工作、谈论电脑技术、谈论学业、谈论健身等。口语的特点明显，句子通常比较短，关联词语比较少。长对话里包含的信息更多，这就需要考生能从各种信息中分辨出对回答问题有用的信息。

解答这类考题时，要注意根据 4 个选项，判断该题是针对对话多个信息内容的提问，还是针对对话某个细节信息内容的提问。熟悉一些相关的提问方式，对解题也有一定的帮助。

表1-6

类　　别	常见提问方式	解题提示
针对多个信息内容提问	说话人现在在哪里？ 说话人在谈论什么？ 说话人是什么关系？	只需从对话的多个信息内容中听辨出一部分内容即可作出判断。
针对某个细节信息内容提问	关于男/女的，可以知道什么？ 男/女的……怎么了？ 男/女的建议女/男的做什么？ 男/女的为什么……？ 根据对话，可以知道什么？ 男/女的觉得……怎么样？ ……什么时候……？	需听辨男性或女性话语某一个细节信息，然后作出判断。这对听辨能力提出了更高的要求，也就是说如果考生没有听辨出某个细节信息，就无法正确答题。

【例1】　男：你好，我前天订了一个标准间，我姓王。

女：您稍等，我查一下。王先生，您是从北京来的？

男：对。

女：请出示一下您的身份证，我给您办理入住手续。

问：说话人现在在哪里？

A 医院　　B 宾馆√　　C 火车站　　D 游泳馆

（选自《新汉语水平考试真题集 HSK（五级）》）

看到选项就能判断该题是对地点的提问，这段对话的内容给考生提供了两个信息："标准间"、"入住手续"，考生只需听辨出一个信息就能判断出这段对话发生的地点是"宾馆"，所以答案是B。

【例2】　女：天气预报说，明天早上有雪。

男：那交通肯定要受影响了。糟糕，我明天还得去工厂。

女：没事儿，主要是高速公路受影响，你去工厂，又不用走高速。

男：那我也得早点儿出门，肯定堵车。

问：他们在谈论什么？

A 工厂和工人　　B 天气和交通√

C 运输和设备　　D 政府的政策

（选自《新汉语水平考试真题集 HSK（五级）》）

这里的4个选项之间没有任何的意义联系，考生可以预测该题可能是针对对话主题的提问。这段对话给考生提供了"天气预报"、"交通"、"堵车"、"高速公路"等多个信息，只要考生能从中听辨出1—2个信息便能很容易地判断出这段话主要谈论的是"天气和交通"，所以答案是B。

对于针对多个信息内容的题型，考生需要在备考时准备一些相关的词汇，增强这些词汇的听辨理解能力，就能正确地得出答案。考生可参考表1-3、表1-4进行准备，另外也不能忽视在四级中已经掌握的相关词语。

【例 3】 女：你的那篇论文怎么样了？

男：他建议我把文章缩短到 4000 字，题目也要换一个。

女：看来问题不是很大，大概什么时候发表？定下来了吗？

男：可能下个月，在第五期上。

问：编辑建议将论文改为多少字？

A 3000 字　　B 4000 字√　　C 5000 字　　D 6000 字

（选自《新汉语水平考试真题集 HSK（五级）》）

该题是针对对话中一句话的细节的提问，因此如果考生没有听辨出来，那就无法作答。该题的答案在男的一句话“他建议我把文章缩短到 4000 字”，考生能听辨出这个数字，就很容易判断答案是 B。

对于针对某个细节内容提问的题型，答题时需要在听题之前预留多一点儿的时间，以便根据选项预测可能的提问内容，这样方便考生听题时选择自己需要重点听辨的内容。如上题看到选择项，考生就应该知道该题的提问应该是“多少字”，因此在听的过程中就要重点听辨有关数字的内容。

【例 4】 男：这照相机怎么坏了？打开就自动关机。

女：不会。是快没电了，一会儿回房间充上电就好了。

男：充电器带了吗？

女：当然带了，不然这几天我们怎么拍照？

问：照相机怎么了？

A 坏了　　B 丢了　　C 掉水里了　　D 快没电了√

（选自《新汉语水平考试真题集 HSK（五级）》）

读到该题的 4 个选项，首先可以预测提问可能是“……怎么了”，然后根据选项“D 快没电了”，可以进一步预测这个提问的主语可能是一种电器产品。听题前有了这样的预测，在听到男的说的第一句话时，就可以知道应该是谈论“照相机”，然后再继续听完对话，排除一个干扰项“A 坏了”，就能得出这个题的正确答案是 D。

【例 5】 男：今天中午我吃炸鸡腿儿了，真好吃。

女：少吃油炸食品，那是垃圾食品，对健康没什么好处。

男：我知道，可还是忍不住，中午闻到那个香味儿就要流口水。

女：以后还是少吃吧。

问：女的觉得炸鸡腿儿怎么样？

A 有营养　　B 不好闻　　C 是垃圾食品√　　D 味道非常好

（选自《新汉语水平考试真题集 HSK（五级）》）

读到选项中的“营养”、“垃圾食品”、“味道”等，很容易预测提问可能是“男的/女的觉得某种食品怎么样”。在还不能判断提问是针对男方还是女方时，最好对男女各自的一些观点做点儿简单的笔录，这有助于做出准确的判断。如该题中“D 味道非常好”应该是男方的观点，而“C 是垃圾食品”才是女方的观点，因此正确答案是 C。

另外，还要提醒考生，虽然第二部分的对话内容较第一部分的对话内容长，但是话题内容是相近的，因此要做好这一类题型，考生仍然可以参考表1-1，进行一些相关话题的词汇准备。

同步练习四

第1-10题：请选出正确答案。

1. A 交钱	B 存钱	C 订票	D 还信用卡
2. A 已经发表	B 有4000字	C 不用改	D 要缩短点儿
3. A 没吃饭	B 是医生	C 经常胃疼	D 吃了油炸的东西
4. A 有简历	B 能经常出差	C 没家庭负担	D 有工作经验
5. A 火车	B 地铁	C 餐厅	D 电影院
6. A 乘客	B 警察	C 司机	D 老师
7. A 过节	B 旅行	C 出差	D 买机票
8. A 没驾照	B 经常开车	C 不敢开车	D 停车技术很好
9. A 资料丢了	B 电脑坏了	C 资料被复制	D 电脑被重新安装
10. A 出差	B 旅行	C 买东西	D 举办展览

（二）题型测试重点二：叙事类语段

叙事类语段题是听力第二部分小短文的重要组成部分，可分为以下三小类：叙述说话人在学习、生活、工作中遇到的一些事情；小故事，如笑话、寓言、成语故事等；介绍历史上的名人名事，如文彦博、曾国藩等。在解答这类考题时，可以注意以下技巧：

1. 叙事类语段题型的解题关键是故事中的时间、地点、人物、事件，事件发生的原因、结果、影响及解决办法等。根据上面的分类，第一小类叙事类短文的问题主要会涉及一些细节，如："李丽现在和谁住在一起"、"男的下周末要做什么"、"这段对话最可能发生在什么地方"、"李丽为什么要找房子"、"提高罚金以后，结果怎么样"。这些问题基本上可以通过选项预测出来，答案也比较清晰。还有一些问题，通过选项比较难预测，如："关于李丽，下面哪项正确"、"关于那位母亲，我们可以知道什么"、"关于售货员，可以知道什么"。这些题考查的面比较宽泛，需要我们根据选项，在听的过程中就做好标记，为听到问题时选出正确答案做好准备。

【例6】　大学毕业后，李丽和好朋友陈慧一起找了一套房子，房租一人出一半儿，既省钱又可以有个伴儿，挺好的。可现在陈慧有了男朋友，李丽觉得不方便了，想找个房子搬出去。两个月过去了，她跑了很多地方，还是没有找到合适的。不是房子太差，就是地方太远，不然就是价钱太贵。李丽说，现在找房子比找男朋友还难。

1. 李丽现在和谁住在一起？

A 男朋友　　B 她一个人住　　C 一个好朋友√　　D 父亲和母亲

2. 李丽为什么要找房子？

A 觉得不方便√ B 房子价格太高

C 现在住的地方太远 D 想和丈夫住在一起

3. 关于李丽，下列哪个正确？

A 不想搬家 B 还在上大学

C 想买贵的房子 D 还没找到合适的房子√

（选自《新汉语水平考试真题集 HSK（五级）》）

这是关于李丽生活中遇到的一个问题：租房。从第一题的选项中我们可以推测出是问人物的，答案就在短文中的第一句“李丽和好朋友陈慧一起找了一套房子”，应该选 C。第二个问题“李丽为什么要找房子”问的是事件的原因，答案就在“现在陈慧有了男朋友，李丽觉得不方便了，想找个房子搬出去”，应该选 A。第三个问题“关于李丽，下列哪个正确”，通过选项不易判断出问题是什么，因此我们需要在听的过程中做好记录，听到“想找个房子搬出去”就在选项 A 后面做个错误的标记，听到“大学毕业后”就在选项 B 后面做个错误的标记，听到“她跑了很多地方，还是没有找到合适的”就在选项 D 后面做个正确的标记。没有听到与选项 C 有关的内容，可直接排除。

2. 小故事、历史名人故事类题型也是用叙事的文体来讲述，因此也会有考查时间、地点、人物、事件等的细节题，如“兔子是怎么死的”、“农民为什么不去田里工作”、“这个故事发生在哪里”。除此之外，这类题型所讲的故事主要是用来说明哲理或有一定教育意义的，因此还会出现关于文章哲理与含义的题，如“这个故事主要想告诉我们什么”、“通过这个故事我们可以明白什么”等，这需要理解故事的内容，推断出故事要表述的中心思想。

【例 7】 古时候有个农民在田里劳动。突然，他看见一只兔子从旁边的草丛里慌慌张张地跑出来，一头撞在田边的大树上，便倒在那儿一动也不动了。农民走过去一看：兔子死了。因为它奔跑的速度太快，把脖子都撞断了。农民高兴极了，他一点儿力气没花，就白捡了一只又肥又大的兔子。他心想，要是天天都能捡到兔子，那日子就好过了。从此，他再也不肯出力气劳动了。每天他吃完饭就躺在大树底下，等待第二只、第三只兔子自己撞到树上来。世上哪有那么多便宜的事啊。这个农民当然再也没有捡到撞死的兔子，而他的田里也没有收获任何粮食，农民只好饿着肚子过年了。

1. 兔子是怎么死的？

A 饿死的 B 撞死的√ C 摔死的 D 被农民打死的

2. 农民为什么不去田里劳动了？

A 他受伤了 B 冬天来了

C 他养了很多兔子 D 以为可以捡到兔子√

3. 这个故事主要想告诉我们什么？

A 要注意观察 B 运气很重要

C 坚持才能胜利 D 世上没有免费的午餐√

（选自《新汉语水平考试真题集 HSK（五级）》）

这是成语“守株待兔”的故事。第一、二题也是与故事内容有关的细节题。从第一题的选项中可以推测出问题是问原因的。第一题“兔子是怎么死的”问的是原因。答案就在“一头撞在田边的大树上”，应该选 B。第二题“农民为什么不去田里劳动了”问的也是原因，答案就在“他心想，要是天天都能捡到兔子，那日子就好过了。从此，他再也不肯出力气劳动了”，应该选 D。第三题通过选项可以初步判定可能会是故事的寓意。问题“这个故事主要想告诉我们什么”问的正是故事的寓意。我们不能在录音中直接听到正确的答案。从整个故事的内容我们可以看出故事对农民这种行为是否定的，因此 A、B、C 这种鼓励性的方式不符合故事寓意，D 比较接近故事的原意，否定了农民等待兔子的行为。

同步练习五

第 1-15 题：请选出正确答案。

1. A 一壶酒	B 一顿饭	C 一幅画	D 一条蛇
2. A 最喜欢的人	B 想出办法的人	C 先画完蛇的人	D 最后画完蛇的人
3. A 他画得不好	B 他左手拿了酒	C 他给蛇画上了脚	D 另一个人画得更好
4. A 卖牛	B 买车	C 看病	D 卖粮食
5. A 父亲休息	B 父亲病了	C 他想自己去	D 父亲有别的事
6. A 使劲推	B 用力拉	C 没有办法	D 重复每天说的那句话
7. A 八百里	B 一千多里	C 一万公里	D 一万多里
8. A 没有传说故事	B 中国人的骄傲	C 又叫“万里长城”	D 中华民族的象征
9. A 长城的力量	B 长城的修建	C 长城的古老	D 爱情的伟大力量
10. A 太激动了	B 觉得委屈	C 服务员上错了菜	D 她太喜欢吃鱼头
11. A 不想浪费	B 他不吃鱼头	C 妻子喜欢吃	D 想把最爱的留给妻子
12. A 不相爱	B 缺乏沟通	C 太了解对方	D 结婚时间短
13. A 打架	B 孩子丢了	C 孩子受伤了	D 孩子掉进了水里
14. A 跑掉了	B 大哭大喊	C 向大人求救	D 用石头打破水缸
15. A 谨慎	B 可靠	C 冷静	D 孝顺

（三）题型测试重点三：说明类语段

说明类语段主要是介绍说明某种事物的特征或者某种规律，主要有以下三类：一是科普类，包括城市环境、天文地理、动植物等知识；二是介绍各地风俗习惯、节日，如中国的春节、端午节等；三是说明某种事物，如某种食物、书籍报纸、比赛活动等。这类语段会涉及一些专业词语和知识。

说明类语段的解题关键是要熟悉一些专业词语和知识。掌握了这些词语，可以提高听录音时的反应速度，听懂文章的主要内容和重要细节，所以平时对词语和知识的积累是一个重要的学习过程。另外，考生如果了解中国的社会情况、风俗习惯、文化历史以及科普知识，也会对听辨这类题型有所帮助。

此类题目在问题的设置上针对性比较强，细节题的设置根据不同的说明对象会有不同的问题，如：

“乒乓球在中国有多少年历史”、“中国的情人节是哪天”、“《围城》的名字来自于什么”。这样的题型在选项的设置上比较整齐，我们可通过观察选项猜测提问的内容，在听的过程中要注意这些数字、地点、时间等与选项相关的内容，及时地做好标记。

此类题目除了设置细节题外，还会有一些对语段主要内容及整篇文章内容理解的题型出现，如“这段话主要谈什么”。关于语段主要内容的问题，在听录音时主要要听清楚语段的首句、末句，或者在文中反复听到的词语。这类题型要从选项入手，在听的过程中及时地对选项进行判断，选出符合或不符合文章内容的一项。

【例 8】 足球运动是一项古老的体育活动，历史悠久。它最早出现在中国，当时在中国不是一种比赛，而是一种球类游戏，后来经过阿拉伯人传到欧洲，发展成现代足球。所以说，足球的故乡是中国，而现代足球是从英国发展起来的。足球运动的第一个文字形式的规则“剑桥规则”也是由英国人制定的。在 19 世纪早期的英国，牛津和剑桥之间进行比赛时制定了一些规则。因为当时在学校里每套宿舍住有 10 个学生和 1 位教师，因此他们就每方 11 人进行宿舍与宿舍之间的比赛，现在的 11 人足球比赛就是从那时开始的。

1. 足球最早出现在哪儿？

A 欧洲　　B 中国√　　C 英国　　D 阿拉伯国家

2. “剑桥规则”是谁制定的？

A 中国人　　B 亚洲人　　C 欧洲人　　D 英国人√

3. 现代足球比赛规定有多少人参加？

A 9 人　　B 10 人　　C 11 人√　　D 19 人

这是一篇介绍足球的说明类语段。第一个问题“足球最早出现在哪儿”答案就在“它最早出现在中国”及“足球的故乡是中国”两句，应该选 B。此题要注意混淆项“而现代足球是从英国发展起来的”，这里说的是“现代足球”不是“足球”，因此 C 是不正确的。第二个问题“‘剑桥规则’是哪国人制定的”答案就在“‘剑桥规则’也是由英国人制定的”，应该选 D。第三个问题“现代足球比赛规定有多少人参加”是考查数字的，我们在录音中能听到 4 个数字——19、10、1、11，关于数字的考查一定要听清楚数词后面的量词和名词，“19”说的是“19 世纪”，其他的分别是“10 个学生”、“1 位教师”、“11 人”，因此我们可以判断答案应该是 C。

【例 9】 端午节在每年五月初五这一天，是中国人的传统节日。赛龙舟、吃粽子是人们在这个节日里常常要进行的两种活动。据说这两种活动是为了纪念中国古代一位著名的爱国诗人屈原。他是跳江而死的。传说当天老百姓听到他跳江的消息后马上划船去救，湖上的小船都快速地划着，以后逐渐发展成为龙舟比赛。老百姓们又怕江河里的鱼吃掉他的身体，就纷纷回家拿米饭做成米团扔到江中，后来就成了吃粽子的习俗。

1. 端午节是哪天？

A 正月初一　　B 五月初五√　　C 八月十五　　D 九月九日

2. 端午节有什么重要的活动？

A 吃饺子　　B 吃月饼　　C 看花灯　　D 赛龙舟√

3. 人们为什么要往江里扔米团？

A 比赛划船　　B 表达怀念之情

C 寻找诗人的身体　　D 保护诗人的身体√

这是一篇介绍中国传统节日——端午节的语段。第一个问题“端午节是哪天”问的是时间，答案就在第一句“端午节在每年五月初五这一天”，应该选 B。第二个问题“端午节有什么重要的活动”，答案在“赛龙舟、吃粽子是人们在这个节日里常常要进行的两种活动”，应该选 D。第三个问题“人们为什么要往江里扔米团”问的是原因，答案在“老百姓们又怕江河里的鱼吃掉他的身体”，应该选 D。

同步练习六

第 1-15 题：请选出正确答案。

1. A 一本书	B 一部电影	C 一场战争	D 一部电视剧
2. A 战争	B 历史	C 英雄	D 风俗
3. A 影响很大	B 没人知道	C 讲的是老百姓的故事	D 三国之间的友好往来
4. A 著名的古城	B 居住最理想的地方	C 有一座很有名的山	D 这里的山水非常美
5. A 奇	B 静	C 怪	D 特别
6. A 水很清静	B 画很优美	C 山形状不同	D 山水很秀丽
7. A 用火柴燃烧	B 有悠久的历史	C 最早是为了庆祝	D 只有春节的时候放
8. A 气氛热闹	B 有庆祝活动	C “年”害怕光和响声	D 很多人聚在一起
9、A 过节	B 结婚	C 开张	D 离别
10. A 四月上旬	B 四月中旬	C 四月下旬	D 三月到七月
11. A 打扫卫生	B 准备食物	C 吃年夜饭	D 互相泼水
12. A 持续 3-7 天	B 影响最大的节日	C 傣族最重要的节日	D 互相泼水表达祝福
13. A 100 多年	B 200 多年	C 2000 多年	D 5000 多年
14. A 品种单一	B 风味独特	C 制作简单	D 食用方便
15. A 茶叶	B 豆腐	C 丝绸	D 绿色食品

（四）题型测试重点四：调查研究类语段

这类语段主要是一些社会调查和科学研究类的文章，主要内容是对社会生活中的经济、文化、教育等的调查，对人类及自然环境、现象的科学研究与新发现。解答这类考题时，要注意以下几点：

1. 注意语段的首句和末句。根据调查研究类语段的特点，往往会在第一句就告知调查结果，或者在末句总结结果。中间内容部分主要是讲述调查的过程或者根据。

2. 注意听文中调查研究的对象和数字。这一方面是调查研究结果的主要过程和依据，因此细节题的考查主要会放在此处。

3. 对于语段中提到的科学新发现，一定要注意“新”。有时在选项中会出现人们一直认为是事实的普通常识，这时一定要摒弃传统，不要误选。

【例10】 心理学家曾对两所学校的6到11岁的学生进行过调查，调查内容为电视、电影中经常出现的并非真实的人物和事件。6到7岁的孩子中，只有31%的人相信世界上真有圣诞老人，而11岁的孩子中只有4%的人相信有圣诞老人。所有的孩子中没有一个相信电影《超人》中的超人在现实世界中存在。调查还发现，同龄女生的是非判断能力高于男生。

1. 调查针对哪个年龄段的学生？

A 6-11岁√　　B 6-7岁　　C 7-11岁　　D 4-11岁

2. 有多少11岁的孩子相信有圣诞老人？

A 4%√　　B 6%　　C 11%　　D 31%

3. 关于这项调查，下列哪项正确？

A 世界上真有圣诞老人　　B 孩子们相信超人是存在的

C 孩子们都不相信有圣诞老人　　D 同龄女生的判断力比男生高√

这是一项关于传媒影响力的调查。第1题和第2题问的都是关于数字的。“调查针对哪个年龄段的学生”可从首句“对两所学校的6到11岁的学生进行过调查”中得出正确答案A。“有多少11岁的孩子相信有圣诞老人”要注意其中限制性的成分“11岁的孩子”，正确答案应该是A。A和D都可在录音中听到，在听的过程中要在题目上做好标记，注意其不同。从录音文本中我们可以看到，这篇调查把调查的另一个结果放在了最后，即“同龄女生的是非判断能力高于男生”，因此末句是我们要重点听的一个部分。根据这个调查结果，可以选出第3题的正确答案C。

【例11】 很多人错误地认为年老得病是必然的。根据身体生长发育的自然规律，人从30岁开始身体的各个器官将从成熟走向衰老，这一过程是不可避免的。但不等于随着年龄的增长，就必然会有各种疾病的产生。一个坚持科学合理的运动、具有良好的饮食和生活习惯的人，能够控制衰老的过程。自以为年轻，懒得运动，才会使身体越来越差，疾病缠身。

根据这段话，下面哪项正确？

A 年老得病是必然的　　B 年老不一定会有病√

C 运动不能控制衰老　　D 年轻人从来不得病

上面的语段一开始就否定了“年老得病”的说法，而提出了一种新的说法“不等于随着年龄的增长，就必然会有各种疾病的产生”，这是需要特别注意的。此题正确答案应该是B。

同步练习七

第1-11题：请选出正确答案。

1. A 上下班戴耳机　　B 用耳机听音乐　　C 用耳机接电话　　D 长时间听音乐

2. A 鱼类　　B 牛肉　　C 苹果　　D 西红柿

3. A 动物没有孤独感　　B 动物间会有交流
C 植物会患上心理疾病　　D 植物可以向伙伴发出信号

4. A 人类　　B 蝴蝶　　C 蜡烛　　D 深海动物

5. A 听雨　　B 游泳　　C 睡觉　　D 看电影

6. A 在家里养花　　B 融入大自然　　C 如何缓解压力　　D 在办公室养鱼

7. A 24 小时　　B 24 小时 18 分钟　　C 23 小时 26 分钟　　D 22 小时 28 分钟

8. A 人类　　B 动物　　C 植物　　D 科学家

9. A 22.3 万　　B 23 万　　C 24 万　　D 26 万

10. A 韩国　　B 美国　　C 日本　　D 英国

11. A 改善留学环境　　B 注重规范管理
C 提高教育质量　　D 建立最大的国际学校

应试速练二

第 21-45 题：请选出正确答案。

21. A 买房子　　B 买家具　　C 照顾父母　　D 装修房子

22. A 没买到票　　B 国庆节不回家　　C 朋友帮她买票　　D 妈妈要过生日

23. A 宾馆　　B 机场　　C 医院　　D 火车站

24. A 出国　　B 学习　　C 工作　　D 听妈妈的安排

25. A 手机没电　　B 飞机晚点　　C 担心女的　　D 没打通电话

26. A 坏了　　B 不能换　　C 不合适　　D 过了保修期

27. A 现在很胖　　B 喜欢运动　　C 是健身教练　　D 减肥很有效

28. A 头疼　　B 脚疼　　C 腿摔断了　　D 背摔坏了

29. A 不贵　　B 不能上网　　C 可以照相　　D 是粉红色的

30. A 车丢了　　B 总迟到　　C 每天开车上班　　D 上班的路不堵

31. A 可以通行　　B 因为没车　　C 有警察追他　　D 没看到红灯

32. A 不会开车　　B 酒后开车　　C 被警察抓住了　　D 不懂得交通规则

33. A 减少麻烦　　B 不会吵架　　C 能互相理解　　D 能互相帮助

34. A 喝茶　　B 需要听众　　C 一个人待着　　D 找个人聊天

35. A 准确　　B 模糊　　C 有魅力　　D 信息量大

36. A 生活中的麻烦　　B 女人遇到的困难　　C 男人不理解女人　　D 男人和女人的不同

37. A 开心　　B 发愁　　C 委屈　　D 无所谓

38. A 安慰他　　B 给他出主意　　C 给他讲道理　　D 让他找石子和金子

39. A 上帝不公平　　B 领导不识才　　C 自己能力不够　　D 石子和金子不同

40. A 电影　　B 少林寺　　C《新少林寺》　　D 少林武术

41. A 兄弟出卖　B 家破人亡　C 痛不欲生　D 少林英雄救国救民

42. A 影片很受欢迎　B 比《少林寺》早　C 故事中没有英雄　D 发生在和平年代

43. A 庄子喜欢到山中行走　B 伐木者不喜欢大树

C 庄子和伐木者是朋友　D 树大并不一定就有用

44. A 会叫的　B 不会叫的　C 会下蛋的　D 不会下蛋的

45. A 无用最安全　B 有用比无用危险　C 有用比无用好　D 无用和有用都不好

二 阅读

新 HSK 五级的阅读，主要测试考生根据短文内容准确运用汉语词汇的能力以及语段、篇章的阅读理解能力。阅读部分共 45 道题，由三部分组成：第一部分 15 题，给出 4 篇短文，每篇短文给出 4 或 5 个题，每题提供 4 个选项，要求考生从中选择用法正确、符合上下文意的词语或句子；第二部分 10 题，每题提供一个语段，要求考生从 4 个选项中选出与语段内容一致的一项；第三部分 20 题，要求考生根据对给出的 5 篇短文的理解，就每篇短文里设置的问题，从 4 个选项中选择正确的一项。考试时间为 40 分钟，平均答题时间不到 1 分钟。

第一部分测试重点： 近义词与形近词的比较；词语的搭配；具有同一语义类别或同一词性词语的比较；前后句子的衔接。

第二部分测试重点： 语段细节内容的理解；语段主题义的理解。

第三部分测试重点： 短文细节内容的理解；短文主要内容的理解；结合上下文对短文中重点词语的理解。

第一单元　阅读第一部分

考试题型

【样题】　第 1-3 题：请选出正确答案。

在高速行驶的火车上，有一位老人不小心把刚买的新鞋从窗口掉下去一只，周围的人都觉得很__1__。没想到老人把另一只鞋也从窗口扔了出去。他的行为让周围的人感到很吃惊。这时候，老人笑着__2__说：“剩下的那只鞋无论多么好，多么贵，多么适合我穿，可对我来说已经没有一点儿用处了。我把它扔了出去，就有人可能__3__到一双鞋子，说不定他还可以穿呢。”

1. A 浪费	B 伤心	C 可惜√	D 痛苦
2. A 解释√	B 理解	C 建议	D 思考
3. A 捡√	B 选	C 买	D 换

（选自《新汉语水平考试大纲 HSK 五级》）

这一题型给出的短文多以记叙性的小故事为主，供选择的 4 个选项的词义一般差别较大，考生比较容易区分。这一题型一方面要求考生对短文的主要内容有正确的理解，考查的是考生的阅读能力；另一方面要求考生能在对短文细节部分理解的基础上选择正确的词语，考查的是考生正确运用词语的能力。

本题型答题主要先从给出的 4 个选项入手，区分 4 个给出的词语在词义与用法上的区别，特别是较难判断的近义词和形近词；然后再结合短文的理解选出正确的选项。

另外，有时这一题型还会要求学生根据上下文选择与文章意思相符的句子，考查的是对文章意思的理解以及句子与句子间的衔接表达。

解题技巧

（一）题型测试重点一：近义词、形近词的比较

这一测试点相对较难，需要在有相当的词汇量的基础上，除词义外，对词语的用法还要有一定的了解。对近义词的词义差别，在答题时主要从词语意思的差别、词语搭配的不同、词语的感情色彩等方面来进行区分。形近词是指两个或几个词有一个语素相同而词义差别较大的词。例如样题中第 2 题“A 解释”和“B 理解”这两个词有一个相同的语素“解”，但是词义是完全不同的。考生在答题时如能排除形似的干扰，准确辨别词语的意思，就不难选出正确答案。解答这类考题时，可以从以下几个技巧入手：

1. **快速阅读一遍短文**。这一题型的关键是在理解短文的基础上正确运用词语，因此选项词的词义与短文的文意是紧密相关的。在答题前阅读一遍短文，对文意有大概的理解，对答题是有很大帮助的。

2. **选项词义辨析**。考生读选项时，先要对 4 个选项的词义进行判断，如果 4 个选项中有词义相近的词语，则需要回到短文中，再细读完有选项词的句子，从词义差别、词语搭配等方面来判断出正确答案。

【例 1】　人为什么会做梦，梦有什么意义，人类＿1＿了近千年也还没找到答案。……

1. A 想象　　B 观察　　C 思考√　　D 幻想

（选自《新汉语水平考试真题集 HSK 五级》）

该题 4 个选项中，除了“B 观察”的词义与“看”有关，其他 3 个选项的词义相近，都与“想”有关系。回到短文：从词的用法来看，这 3 个词放在空白处都可以，它们都可以接“近千年”这个时间补语。从词的意义来看，这 3 个近义词是有区别的：“想象”是“对于不在眼前的事物想出它的具体形象”；“思考”是“对某一个或多个事物或现象进行分析、综合、推理、判断等思维的活动”；“幻想”是“指违背客观规律的，不可能实现的，荒谬的想法或希望”。文中表达的意思是对“做梦”这种现象的一种科学思维的过程，比较这 3 个词，在词义上选择“C 思考”是正确的。

3. **掌握近义词、形近词**。这里将新 HSK 五级词汇新增词语中的近义词、形近词举例如下（表 2-1），需要说明的是词义差别的大小是相对的，有时我们不能完全将形近词和近义词区别对待，因此表 2-1 中，形近词与近义词放在一起进行举例，考生在备考时需要重点学习。

表 2-1　新 HSK（五级）新增词语中的近义词、形近词举例

爱惜—珍惜	精力—力量	爱护—保护—维护	体验—体现—体会
包含—包括	决定—决心	保持—持续—坚持	完美—完善—完整
保存—保留	均匀—平均	办法—方法—措施	显得—显然—显示

续表

表情—表面	颗—棵	产品—生产—产生	形状—形式—形象
充满—充分	理由—借口	成立—成就—成长	形势—优势—姿势
重复—反复	流传—流行	承受—承担—担任	学术—学期—学问
参考—参与	面临—面对	匆忙—急忙—连忙	预报—预订—预防
促进—促使	能干—能力	单独—单调—独立	造成—引起—导致
带—戴	年龄—年纪	地理—地区—地位	政策—政府—政治
道德—道理	偶尔—偶然	对手—对方—对象	状态—态度—状况
而—而且	权利—权力	对于—对—关于	自豪—自私—自信
反应—反映	确实—确定	凡是—所有—一切	自由—自觉—自愿
方案—方式	亲切—亲爱	改善—改进—完善	总裁—总理—总统
风格—风俗	适合—合适	公开—公布—公平	避免—免得—不免—难免
改变—变化	设施—设备	规则—规矩—规模	表明—表示—表现—表达
赶紧—赶快	随便—顺便	后果—成果—结果	独特—特别—特点—尤其
感受—感想	特意—故意	建设—建立—建筑	发言—发表—发挥—发明
孤单—单独	推广—推荐	接待—接近—接触	降低—减少—缩小—缩短
观点—观念	往往—常常	利益—利息—利润	人口—人类—人员—人物
广大—广泛	文明—文学	陆续—继续—连续	时代—时候—时期—时间
怀念—纪念	吸收—吸引	明确—明显—确认	实行—实践—实验—实习
活跃—活泼	宣布—宣传	平常—平时—通常	思考—思想—想念—幻想
基本—基础	一样—一致	平均—平衡—平等	消费—消化—消灭—消失
价格—价值	运用—应用	强烈—热烈—激烈	相当—相对—相似—相关
教训—教育	制定—制作	情景—情况—状况	资金—资源—资料—资格
紧急—着急	作文—作品	提高—增加—增长	

同步练习八

第 1-20 题：请选出正确答案。

从买了这双棉鞋那天起，我就一直穿在脚上。在大街上走路时，很多人看我的鞋，有时还表现出奇怪的__1__。我以为当时还不到冬天，我穿棉鞋是不是早了一点儿，才引起那么多人看我；或者他们也想买这样的棉鞋，__2__又找不到，所以很__3__我。

到了冬天这样的情况一点儿也没有改变。在车站等车时，不少人看我的鞋。有一天，一位中国老奶奶对我说："小伙子，你的鞋子现在只有我们老人才穿。"我听后很失望，原来是这样！我这才明白，__4__那么多人看我。

1. A 情绪	B 表情	C 表达	D 情况
2. A 而且	B 从此	C 而	D 从而
3. A 赞美	B 羡慕	C 欣赏	D 满足
4. A 不见得	B 说不定	C 不要紧	D 怪不得

人与人交往过程中，拒绝是很__5__的。当朋友提出不合理的要求时，当朋友的要求和自己的情况有矛盾时，学会说"不"，既可以使你__6__不必要的麻烦，也可以坚持你做人的原则，当然被拒绝总会有点儿不愉快，如果处理不当还会对朋友间的__7__关系有影响，因此有必要学会一些拒绝的小__8__。

5. A 常常	B 日常	C 正常	D 正在
6. A 免得	B 逃避	C 不免	D 避免
7. A 秘密	B 亲密	C 亲切	D 亲爱
8. A 技巧	B 知识	C 能力	D 理论

早晨走出家门，草地上、屋顶上到处都是白白的一片，昨晚的大雪让上海的早晨显得__9__寒冷。身穿蓝色工作服、满头大汗的李希芳__10__很精神，看上去比实际年龄要年轻许多。说到这份工作，虽然一个月只有500块钱，而且非常辛苦，但她干得非常踏实，丝毫不敢__11__。她说，目前，或者将来很长一段时间里，她最__12__的东西，都将是这份工作。

9. A 此外	B 格外	C 过分	D 意外
10. A 显然	B 显示	C 显得	D 然而
11. A 马虎	B 随便	C 糊涂	D 委屈
12. A 贵	B 宝贵	C 贵重	D 宝贝

爸爸和小华一同__13__一个摄影展览。

一张名为《上学路上》的照片__14__了他们。这张照片拍的是一群孩子背着书包笑嘻嘻地走着的情景，孩子们显得十分__15__。可是小华说："题目写错了。"

爸爸说："怎么错了？"

小华说："应该是《放学路上》，上学哪里有这么开心？"

13. A 报名　　B 自愿　　C 参加　　D 参观

14. A 吸引　　B 引起　　C 吸收　　D 呼吸

15. A 生动　　B 平静　　C 活跃　　D 幽默

今日的你，是你过去习惯的结果；今日的习惯，将是你明日的命运。改变所有让你不快乐、不成功的习惯，你的__16__将改变，习惯领域越大，生命将越自由、越__17__活力，成就也会越大。成功有时候也并非__18__中的那么困难，每天都养成一个好习惯，并坚持下去，也许成功就离你很近了。

16. A 生命　　B 命运　　C 运气　　D 幸运

17. A 充满　　B 充分　　C 充足　　D 满意

18. A 理想　　B 联想　　C 想法　　D 想象

有一天，一个农夫正在地里干活，突然一只兔子从草丛中跑出来。它__19__地跑，没想到一下子撞到了树根上，脖子断了，最后死了。农夫便放下手中的活儿，走过去捡起死兔子，他觉得自己今天运气不错。晚上回到家，农夫把死兔子交给妻子。第二天，农夫__20__到地里干活，可是他再不像以前那么专心了。他干一会儿就朝草丛里看一看、听一听，希望再有一只兔子跑出来撞在树上。后来，农夫每天就这样在那里等着，希望再捡到兔子，然而他再也没得到过。

19. A 热烈　　B 拼命　　C 痛快　　D 活跃

20. A 逐渐　　B 随时　　C 连忙　　D 仍然

（二）题型测试重点二：词语的搭配

词语的搭配是指选项与短文中某一个词组成的搭配，根据这个特点方便考生在4个选项中进行正确选择。这种搭配主要是动词名词的搭配、动词与介词短语的搭配等。

【例2】　……，这时，大老鼠从垃圾桶后走了出来，对小老鼠们说："我早就对你们说，__1__一门外语非常重要。……"

1. A 珍惜　　B 掌握　　C 寻找　　D 相信

（选自《新汉语水平考试大纲 HSK 五级》）

如果考生知道"掌握"与"语言"是常见的搭配的话，就很容易得出正确答案B。

在解答这类考题时，可以从以下方面准备：

1. **熟悉部分常见词语搭配。**这里将新HSK（五级）词汇大纲新增词语中的常见搭配举例如下（表2-2），供考生在备考时重点学习。

表 2-2　新 HSK（五级）新增词语常见搭配举例

碰运气	利用机会/时间	油炸食品
办理手续	满足需要/需求	义务教育
妨碍发展	实现理想/愿望	职业妇女
解放思想	享受生活/音乐	自然资源
节省费用	协调关系/矛盾	天气预报
浏览网站	预订座位/房间	广泛应用
培养人才	侵略国家/战争	自愿报名
缺乏营养	取消计划/安排	消化不良
逃避现实	展开讨论/行动	对……疼爱
提高效率	掌握知识/语言	对……有利
体验生活	征求意见/建议	对……提出/表示抗议
挑战困难	争取进步/机会	对……（进行）概括
下载资料	安装硬件/软件/设备	向……提问
消灭敌人	恢复健康/秩序/精力	追求理想/进步/艺术
宣布结果	热爱祖国/生活/职业	遵守规定/纪律/原则
询问信息	欣赏艺术/美术/风景	集体活动/生活/婚礼
预防疾病	违反纪律/规定/制度	向……（表示）问候
召开会议	维护利益/秩序/公平	向……（进行）咨询
制定政策	执行计划/任务/命令	和……相似
抓紧时间	主持会议/节目/婚礼	和（跟）……告别
欠费/钱	阻止发展/前进/发生	和（跟）……相处
充满自信/活力	产品推广	与……相关
发挥水平/优势	态度恶劣	与/和……（进行）合作
感受自然/生活	思想/气氛活跃	面临……危险/困难
缓解矛盾/压力	日常生活	为……发愁
获得批准/奖金	人生理想/目标	
控制人口/情绪	业余生活/活动	

2. **注意判断词语搭配的关系**。考生在答题时，还要会判断选项的词语是和哪个词进行搭配，很多时候不一定是选项后面的词，有时需要考生排除修饰性词语去找固定搭配的词语。如上题中"掌握"并不是跟后面的数量词"一门"搭配，而是跟"外语"搭配，"一门"只是"外语"的修饰成分。

同步练习九

第 1-20 题：请选出答案。

有一次，小阿甘在家里做完功课，随手把用短的铅笔__1__到窗外，正好被爷爷看见了，于是他要小阿甘把丢掉的铅笔捡回来。阿甘把铅笔捡回来后，爷爷又教育他说："铅笔虽然不值多少钱，但也是用自然__2__做成的。如果大家不爱惜的话，那就是浪费大自然对人类的给予。现在人们随随便便就花钱消费，其实过度消费就是浪费资源。"通过这件事，小阿甘__3__了节约的好习惯。

1. A 扔	B 摆	C 挡	D 挥
2. A 精力	B 资金	C 资源	D 能源
3. A 造成	B 养成	C 引起	D 形成

登高望远是人们业余时间休闲的一种重要方式，同时也是__4__自然之美的重要途径。通过攀登山峰，__5__和享受大自然的风光，让心情在登高过程中得到__6__，在大自然中暂时忘记了自我的存在。这不仅使人获得了较高的精神享受，而且也会为以后的学习和工作留下一份好心情，__7__学习和工作的顺利进行。

4. A 感觉	B 感受	C 感动	D 受到
5. A 赞美	B 欣赏	C 参观	D 旅游
6. A 轻松	B 舒适	C 平静	D 放松
7. A 争取	B 进步	C 促进	D 推广

365 天单调的日子，我们很多人对生活已经没有了__8__的心情感觉。如果有朋友打电话来问："心情如何？"回答常常是："也无风雨也无晴。只是很忙碌，似乎已经没有时间来__9__心情怎么样。经常的感觉是：无论怎么样，总有一些事必须去做，而且要尽力做好，至于做事时的心情怎么样，__10__与做事没有什么大关系。"其实不是这样，细细想来，我们生活中心情不好的时候多，而且这样的人不是一两个。不然人们为何经常生气，不满那么多呢？

8. A 强大	B 热闹	C 热烈	D 强烈
9. A 明白	B 判断	C 属于	D 象征
10. A 显得	B 体现	C 似的	D 似乎

儿童节前的一个下午，我独自一个人在家，正想该如何带孩子过节。这时，有人来敲我家的门。我打开门，外面是一位十岁左右的小女孩儿，她站得很直。见到我，对我说："叔叔，您家有废旧电池吗？

能给我吗？我要这些废旧电池是不想让它们＿11＿环境。”我把她让进屋，从抽屉里找出平时积存在一起的废旧电池交给她，她高兴得＿12＿向我说谢谢。她告诉我她要＿13＿500 节废旧电池交给学校，作为自己的节日礼物。她走了，又去敲别人家的门。这个孩子很让我＿14＿，尽管她年纪很小，但她已经知道应该做什么了。

11. A 糟糕	B 控制	C 污染	D 缓解
12. A 不停	B 继续	C 连续	D 一连
13. A 整理	B 收集	C 收拾	D 收获
14. A 感谢	B 生动	C 欣赏	D 感动

现代女性，无论是“专职”的家庭妇女还是＿15＿女性，都极少有完全属于自己的时间做自己喜欢做的事。但进入购物场所以后，她们却能＿16＿真正的“解放”，可以自由地欣赏眼前各式各样的商品，根据自己的好恶评价而不受到别人的打扰。在这里得到的欢乐，并不在于你买到了什么，拥有了多少东西，而是能够在精神上得到巨大的＿17＿。

15. A 业务	B 职位	C 职业	D 工作
16. A 应付	B 碰到	C 形成	D 获得
17. A 充足	B 满意	C 足够	D 满足

为了保证交通安全，大家都要＿18＿交通规则。骑自行车时，一定要在自行车道里骑，不要骑得太快。到了路口，更要特别注意。遇上红灯时，一定要停下来，等绿灯亮了再走。＿19＿旁边有汽车时，不要跟它比赛。只要人们遵守交通规则，注意交通安全，就会减少＿20＿的。

18. A 保持	B 根据	C 遵守	D 按照
19. A 到达	B 受到	C 碰到	D 面对
20. A 故事	B 事件	C 事情	D 事故

（三）题型测试重点三：具有同一语义类别的词或同一词性词的比较

这一测试点一般 4 个选项词语是同一词性，在语义上有相关性。

【例 3】　……另一个小孩说：“太阳刚出来时，＿1＿不热；到了中午，就很热了。”

1. A 天气√　　B 气候　　C 温度　　D 气温

（选自《新汉语水平考试大纲 HSK 五级》）

该题的 4 个选项“天气”、“气候”、“温度”、“气温”都是与“气象”有关的名词。

【例 4】　正是因为现在的高度给了人们努力的机会和成功的希望，才使得篮球＿1＿一个世界性的体育运动。

1. A 成为√　　B 作为　　C 属于　　D 具有

（选自《新汉语水平考试大纲 HSK 五级》）

该题的 4 个选项"成为"、"作为"、"属于"、"具有"都是表示判断的动词。

另外，对于同一词性词语区别的考查重点是副词、连词、介词、量词等。

表 2-3　新 HSK（五级）新增词语中具有同一语义类别或同一词性的词举例

名词	时间	夜　傍晚　中旬　朝代　当代　古代　时代　年代　近代　公元　期间　日期　时刻　时期　目前　如今　至今　未来　一辈子　礼拜天
	公文	报告　提纲　文件　资料　方案　合同　简历　发票　支票　收据　执照　手续　通讯　证件
	经济	税　费用　罚款　付款　利润　利息　现金　资金　零钱　账户　出口　进口　贸易　风险　股票　黄金　汇率　工业　农业　商业　企业　破产　经营　投资　项目　中介
	自然	陆地　宇宙　灾害　石头　天空　田野　土地
	军事	团　祖国　战争　军事　英雄　和平
	教育	系　本科　讲座　论文　课程　教材　辅导　测验　单元　及格　作文　题目　学期　学术　学问　文学　物理　化学
	人体	腰　胃　胡须　肌肉　肩膀　眉毛　舌头　嗓子　脑袋　手指　神经
	服饰	服装　手套　戒指　围巾　项链　牛仔裤
	数码电器	数码　电池　病毒　鼠标　键盘　硬件　软件　设备　信号　录音　摄影　浏览　下载　光盘　麦克风　复印机　充电器
	条例	制度　政策　纪律　原则
动词	与手有关	摆　插　拆　扶　举　摘　称　钓　递　盖　捡　摸　提　挥　挡　卷　砍　拦　拍　切　洒　晒　伸　摔　甩　撕　摇
	与嘴有关	吐　咬　吹　喊　骂　念　嚷　吻
	与心理活动有关	想念　幻想　思考　企图　体会
	判断类	属于　具备　具有　显得　所谓　作为　象征　体现　显示
	言语类	转告　嘱咐　主持　问候　咨询　争论　询问　告别　公布
	态度类	佩服　欣赏　赞成　赞美　责备　提倡　讽刺　轻视　恨
形容词	有关人物描写	丑　乖　苗条　英俊　自私　小气　狡猾　调皮　天真　大方　单纯　能干　勤劳　亲切　热心　善良　勤奋　体贴　坦率　自信　孝顺　老实　温柔　活跃
	表示态度	悲观　惭愧　诚恳　谨慎　乐观　谦虚　严肃　无奈
副词	表示语气	干脆　反正　多亏　居然　根本　简直　难怪　幸亏
	表示时间	不断　曾经　立即　连忙　依然　始终　随时　临时
	表示情态方式	分别　纷纷　彻底　亲自　逐步

续表

量词	册：一册书　　幅：一幅画　　套：一套衣服　　片：一片药/面包 粒：一粒米　　颗：一颗药/糖　　匹：一匹布/马　　项：一项工程/工作 阵：一阵掌声/风　届：一届会议/毕业生/比赛
连词	从此　从而　此外　假如　接着　可见　看来　哪怕　宁可　万一　总之 与其　一旦　要是　要不　以及　以来　则
介词	朝　趁　凭　自从　至于
习惯语	不见得　不耐烦　不要紧　不得了　怪不得　看不起　了不起　说不定 打交道　打喷嚏　胆小鬼　忍不住　使劲儿

另外，还有一种情况，4个选项的词语之间在语义上没有任何联系，这就需要考生在完全理解短文内容的基础上来进行选择。这种情况主要考查的是考生对短文的理解，而词语的运用则不是考查的重点。

【例5】　……孔子很有兴趣地问道："你们能说说自己的__1__吗？"……

1. A 态度　　B 理由√　　C 机会　　D 思想

（选自《新汉语水平考试大纲 HSK 五级》）

该题的4个选项"态度"、"理由"、"机会"、"思想"在语义上没有任何联系，该题只需要考生结合上下文的文意来做选择，不需要对这4个词的用法加以区别。

同步练习十

第1-22题：请选出正确答案。

心理学家告诉我们，轻松愉快的音乐不仅能给人美的__1__，而且还能使人的精神得到有效放松。因此，人们在__2__的工作和学习之外，可以多听听音乐，让优美的乐曲来减轻精神的疲劳。另外，当人们处于左右为难的困境时，用不自觉的发笑或故意开玩笑的__3__可以减轻精神紧张的程度。出门旅游也是一种好方法，但应多选择远离城市的郊区或乡村，因为人与自然的关系远比人与城市的关系亲近得多。这些方法都可以达到__4__压力的目的。

1. A 欣赏　　B 赞美　　C 佩服　　D 享受
2. A 紧张　　B 轻松　　C 快乐　　D 勤劳
3. A 基础　　B 结构　　C 条件　　D 方式
4. A 解放　　B 解释　　C 缩小　　D 缓解

车站挤满了旅客，可一列又一列的火车不是误点就是被__5__。终于一位__6__的旅客说："我真不明白，铁路公司为什么要印时刻表！"

车站职员说："我也不知道。不过，要是不印时刻表，你就无法说出火车__7__误点多久了，对吗？"

5. A 消灭　　B 取消　　C 消失　　D 消化
6. A 愤怒　　B 担心　　C 痛苦　　D 乐观

7. A 究竟　　B 终于　　C 简直　　D 竟然

孔子的一位弟子在煮米汤时，发现有脏东西掉进锅里去了。他__8__用勺子把它捞起来，正想把它倒掉时，忽然想到，粮食来之不易啊。于是就把它吃了。刚巧孔子走进厨房，以为他在偷吃，便__9__了那位负责煮米汤的弟子。经过一番解释，大家才明白原来是错怪了他。孔子说："我亲眼看见的事情也不确实，__10__是那些随便听来的呢？"

8. A 不断　　B 临时　　C 曾经　　D 连忙

9. A 道理　　B 教训　　C 原则　　D 规定

10. A 何况　　B 居然　　C 简直　　D 毕竟

人生活在这个世上，不可能一切都是顺利的，或者遇到困难，或者遇到不顺心的人和事，这些都是人生前进路上的__11__现象。然而，有的人遇到这些现象时，或非常痛苦，或__12__失望，甚至失去面对生活的勇气。人在生活中，要学会用阳光一样的心理状态面对生活。__13__阳光一样的心理状态，就是一种积极的、宽容的、开朗健康的心理状态。因为，它会让你开心，它会__14__你前进，它会让你忘掉劳累和忧虑。

11. A 通常　　B 经常　　C 正常　　D 正式

12. A 遗憾　　B 乐观　　C 讨厌　　D 悲观

13. A 具有　　B 属于　　C 所谓　　D 作为

14. A 劝　　B 催　　C 派　　D 抢

从前，有一个人很笨又很自私，他还有一个爱占便宜的坏毛病。__15__他喜欢的东西，总是想尽办法把它弄到手，甚至是去偷。有一次，他看中了一家大门上挂的响铃。这只门的响铃__16__得十分好看，声音也很响亮。他想，怎么样才能弄到手呢？最后他决定把它偷走。他知道，只要用手去__17__这个响铃，响铃就会"丁零丁零"地响起来。门铃一响，就会被人发现了，那可就得不到了。怎么办呢？他突然想出了一个"好主意"。他认为，门铃一响，耳朵就会听见，如果把自己的耳朵堵住，不就听不见了吗？__18__，他自作聪明地采用这个方法去偷门铃。他借着月光来到这家大门口，一手堵住自己的耳朵，一手去摘这只响铃。谁知他刚碰到响铃，响铃就响了，这家主人发觉后，就把他抓住了。

15. A 完整　　B 纷纷　　C 除非　　D 凡是

16. A 生产　　B 制作　　C 制定　　D 构成

17. A 碰　　B 挥　　C 拆　　D 摆

18. A 从此　　B 可见　　C 总之　　D 于是

很多人一到周日下午或者晚上，就开始心情不好、什么都不想干，心里只是__19__想着，"要上班了，要上班了……"第二天上班时，疲劳、头晕、注意力不集中，工作和学习效率因此降低，这就是人们常说的“星期一综合征”。专家提醒，预防“星期一综合征”，要让自己的生活有__20__，即使周末也不要过于放松，最好保持和平日一样的作息规律。上班的前一天不要再安排过于刺激、高度兴奋的活动，不要把上班看作心理负担，上班前一天，有意识地干一些与工作相关的内容，一定要抽出半天时间好好思考第二天的工作情况，__21__因突然难以适应而导致的紧张不安的__22__。

19. A 陆续　　B 反复　　C 密切　　D 彻底

20. A 趋势　　B 系统　　C 规律　　D 理论

21. A 应付　　B 阻止　　C 抗议　　D 防止

22. A 情况　　B 情景　　C 感情　　D 情绪

（四）题型测试重点四：前后句子的衔接

阅读第一部分的试题除了考查短文中词语的用法外，文章中的短句间的衔接也是考查的重点。这一部分主要针对文章中的对话、前后句之间的关系、前后段之间的过渡以及整个文章的意思，要求考生根据前面的句子选择后面的句子或者根据后面的句子来选择前面的句子。

【例 6】　“__1__？”她很奇怪。“回她的妈妈家了。”父亲头也不回地说。

1. A 妈妈呢√　　B 爸爸，你累了吧

C 妈妈也看足球比赛　　D 您怎么不看电视呢

【例 7】　从前有一个老人叫愚公，他家门前有两座山，又高又大，__1__，全家人出门都很不方便。

1. A 挡住了路√　　B 十分矛盾

C 因为无法推辞　　D 犹豫了很长时间

【例 8】　要想获得舒适与优雅，__1__。

有的人很幸运，一上车就有座。有的人很倒霉，即使全车的人都坐下了，他还在站着。

1. A 需要好心情　　B 座位必不可少√

C 忘掉那些不愉快吧　　D 应该自己买一辆车

（选自《新汉语水平考试真题集 HSK（五级）》）

解答这类考题，可以按照如下技巧：

1. 理解文章所要表达的内容，读懂前后句之间的意思。在理解文章意思的基础上，在句子的前后找出与之相关的关键句。有些关键句就出现在空格处的前后句中。例如短文中对话部分的关键句常常出现在对话双方的问答中。

【例 9】　一辆汽车飞快地开到这里，警察向驾驶者宣布了这个决定后，顺便问了一句：“先生，您得到了这笔钱，__1__？”

驾驶者不假思索地答道：“首先，我要去领一个驾驶执照。”

1. A 最想感谢谁　　B 一定十分激动吧

C 准备用它来做什么√　　D 是否考虑换一辆车

（选自《新汉语水平考试真题集 HSK（五级）》）

该题考查的是短文中的对话内容，要想选出警察询问的问题，必须先找到问题的答案，我们在下一段中很容易找到了驾驶者的回答："我要去领一个驾驶执照。"这就是我们要寻找的关键句，根据这个关键句我们便可以判断出问题是"准备用它来做什么"。

2. 从特殊结构入手。有些文章的结构特点比较明显，因此在选择句子时可利用上下文的特殊结构来进行选择。

【例 10】　我们梦见要出门远行，要乘坐飞机、火车或者其他交通工具，但是却晚了一点儿，没有赶上。这种梦代表你错过了人生的一次机会，当人们面对重要的选择而犹豫的时候，常做这种梦。再有，__1__，可是却发现自己根本读不懂考试的题目。这种梦说明你正面临挑战，但是你还没有做好准备。

1. A 当你加班时　　B 一次重要的考试结束后
C 有时候我们会梦见参加考试√　　D 如果你梦到和朋友去郊区旅游

（选自《新汉语水平考试真题集 HSK（五级）》）

该题空格处的前后分别是"再有"、"可是却发现自己根本读不懂考试的题目"。根据后面一句（关键句）可以判断出文章说的是考试的事情，因此 A 和 D 是不正确的。通过"再有"，我们可以知道这里是举例而且应该与前面所举的第一个例子"我们梦见要出门远行……"是相同或相近的结构形式，因此空格处句式也应该是"梦见……"，所以正确答案是 C。

3. 从关联词语入手。短文中常会出现关联词语，我们可以利用关联词语来进行选择。如果有明显的关联词语，可以根据关联词语的搭配选出正确答案；如果没有明显的关联词语，则需要根据意思来推断前后句的关系，进而选出正确答案。

【例 11】　你与其为自己的胆小而担心，还不如利用这个特点，想办法增长自己的才能。到那时候，__1__，也很困难了。

1. A 哪怕你非常勇敢　　B 没有人会笑话你
C 只要你能坚持下去　　D 即使你想做个胆小鬼√

（选自《新汉语水平考试真题集 HSK（五级）》）

该题是含有关联词语的复句。可以跟"也"搭配的是"哪怕"、"即使"，表示让步。然后根据前面句子谈到的"胆小"，就可以选出正确答案 D。

【例 12】　周宏是一位普通的技术员，但是他非常懂得怎样鼓励别人。他女儿小时候特别不喜欢数学，__1__。

1. A 对数学很好奇　　B 所以数学成绩很差√
C 被一所大学录取了　　D 学校里的老师都很喜欢他

（选自《新汉语水平考试真题集 HSK（五级）》）

该题考查的明显是一个因果关系的复句。虽然前半句没有标志词"因为"，但是根据句意我们很容易判断，所以正确答案应该是 B。

【例 13】　如遇到这样的情况，不妨问问自己做了什么。__1__，你得先去爱别人。

1. A 想让别人爱你√　　B 每个人都需要快乐

C 尊重别人就是尊重自己　　　　D 不管别人喜欢不喜欢你

（选自《新汉语水平考试真题集 HSK（五级）》）

该题前后句虽然没有明显的关联词语标志，但是我们很容易判断出是假设关系的复句，即：如果你想让别人爱你，你得先去爱别人。所以正确答案是 A。

同步练习十一

第 1-13 题：请选出正确答案。

在生命中，每个人都曾经__1__过悲伤、不快乐，我们避不开人生道路上的一些挫折，特别是亲人的离去——__2__，或者坚强。此时，我们需要微笑，即使流泪，也要微笑着流泪，让所有的人放心，你会坚强地度过这段哀伤的岁月。

1. A 经验　　B 经历　　C 经营　　D 精力
2. A 无论我们多么聪明　　B 因为我们很聪明　　C 虽然我们很聪明　　D 如果我们很聪明

作文课上，老师叫起平时爱__3__小动作、课堂纪律较差的小明："你的理想是什么？给大家说一说。"小明一挺胸，答道："__4__。"老师很高兴地问："为什么要选择搞建筑呢？"小明一指长方形的教室，说："假如我当上了建筑师，我要把教室变成圆形的。""为什么呢？"老师不解。小明得意地说："以后您再让我墙角罚站，那是不可能的。"

3. A 搞　　B 打　　C 弄　　D 碰
4. A 我不知道　　B 我想当个老师　　C 我想当个建筑师　　D 我没有什么理想

小明在他五岁生日的时候，收到爷爷送给他的一面小鼓。过了几天，爸爸从单位下班回到家，妈妈对爸爸说："我想楼上的邻居一定不喜欢听小明敲鼓。""__5__？"爸爸问。"今天下午楼上的邻居送给小明一把小刀，并且还问他想不想知道鼓里面有什么东西，能发出这么__6__的声音。"

5. A 怎么啦　　B 病得严重吗　　C 他去哪儿了　　D 他为什么不想学
6. A 优秀　　B 优美　　C 优势　　D 优点

孤独产生的原因多而__7__，比如事业上遇到挫折、缺乏与异性的交往、失去父母的挚爱、夫妻感情不和、周围没有朋友等。此外，孤独的产生，__8__。比如有的人情绪易变，容易得罪别人，从而使自己陷入一种孤独的状态；还有的人善于算计，凡事总爱斤斤计较，__9__个人的得失太重，因此造成人际交往的障碍。

7. A 复杂　　B 麻烦　　C 头疼　　D 疲劳
8. A 是自身的问题　　B 也与人的性格有关　　C 不会影响人们的生活　　D 会影响到自己的工作
9. A 想　　B 缺乏　　C 考虑　　D 启发

假如一个姑娘超过了结婚年龄还未结婚，亲戚朋友一定会为她着急；而如果是男的，情况就完全不同了，__10__这个男的已经过了三十甚至四十。

为什么女人要趁年轻及早成婚，__11__？对这个问题，人们只习惯于从生理角度给以解释。经验证明，女人最好在三十岁以前结婚并生儿育女，而男人似乎无所谓。

这种回答真的正确吗？__12__上，过独身生活的男人因为没有自己的家庭，就没有办法享受家庭的幸福、温暖，也会因此变得缺乏责任感，变得不关心别人。这一切会使他们的性格逐渐趋于__13__。随着年龄的增长，这种独身男人也越来越不合适做父亲。

10. A 因为　　B 虽然　　C 即使　　D 不管

11. A 不能努力工作　　B 男人会不高兴

C 要想拥有自己的事业　　D 而男人则不必着急呢

12. A 真实　　B 事实　　C 确实　　D 实在

13. A 自动　　B 自信　　C 自由　　D 自私

应试速练三

第46-60题：请选出正确答案。

有一个朋友和他的老板去一家餐馆吃饭，女服务员的态度非常__46__，脸上的表情十分严肃，还有些不耐烦。朋友很生气，要找餐厅的负责人，却被他的老板阻止了。

老板说："也许她跟男朋友吵架了，也许是刚刚被领导批评过，总之我们应当__47__她。"

"__48__什么理由，也不应该影响工作，这是她的错。"朋友气愤地说。

"是的，"老板说，"正是因为她全错而你全对，才需要你的理解。"

朋友说了一句让老板吃惊的话："没想到你还这么傻。"

"__49__，你是我的秘书。"老板笑着说。

46. A 亲切　　B 坦率　　C 谦虚　　D 恶劣

47. A 原谅　　B 佩服　　C 遗憾　　D 热爱

48. A 宁可　　B 要是　　C 不管　　D 哪怕

49. A 因为我是老板　　B 所以我是老板

C 因为我这么傻　　D 尽管你不是很傻

如果你每天忙于工作，感到很累，就应该给自己的身体、皮肤做一次__50__的放松。皮肤也是__51__休息的。最好、最自然的休息方式，__52__除了放松表情肌肉外，充足的睡眠还可以让人恢复精力。所以，饱饱地睡个美容觉是__53__必要的。

50. A 整体　　B 彻底　　C 到底　　D 部门

51. A 不必　　B 必要　　C 未必　　D 需要

52. A 会是什么呢？　B 难道是睡觉？　C 会是睡觉吗？　D 当然就是睡觉。
53. A 相当　B 确定　C 任何　D 无论

有一位表演大师上场前，他的学生告诉他鞋带没系好。大师点头表示感谢，蹲下来仔细系好。等到弟子转身后，又蹲下来将鞋带解开。

有人看到了这一切，很不理解，便问："大师，您为什么又要将鞋带松开呢？"大师回答道："因为我演的是一位长途旅行者，让他的鞋带松开，可以通过这个细节__54__他疲劳的样子。"

"__55__"

"他能细心地发现我的鞋带没系好，并且__56__地告诉我，我一定要__57__他这种热情的积极性，及时地给他鼓励。至于为什么要将鞋带解开，将来会有更多的机会教他表演，可以下一次再说啊。"

54. A 象征　B 标志　C 表现　D 实现
55. A 哦，原来是这样啊！　B 您这不是欺骗那个学生吗？
C 您是跟学生开玩笑吗？　D 那您为什么不直接告诉你的学生呢？
56. A 客观　B 热心　C 尊敬　D 自觉
57. A 鼓舞　B 刺激　C 保护　D 推荐

李白小的时候，学习不太认真，还没有完成作业就跑出去玩了。

半路上，他遇到一位满头白发的老人坐在小河边，正__58__地磨一根很粗的铁棒。他很好奇，就走上去问："您这是在干什么呢？"

老婆婆擦了擦脸上的汗水，说："我想把它磨成一根针。"

李白感到很好笑，说："这么粗一根铁棒，你哪年哪月才能把它磨成针呢？"

老婆婆很有__59__地说："只要功夫到家了，自然就可以成功了。"

李白听后，非常感动。于是，他马上回去__60__学习，终于完成了学业，日后成了有名的大诗人。

58. A 不得了　B 了不起　C 不耐烦　D 使劲儿
59. A 信息　B 信号　C 信心　D 可靠
60. A 坚持　B 继续　C 追求　D 仍然

第二单元　阅读第二部分

考试题型

【样题】　**请选出与试题内容一致的一项。**

煤和石油目前仍然是人类使用的最重要的能源，然而煤和石油的大量使用，也对地球环境造成了严重的破坏。为了改善我们的环境，寻找新的绿色能源已经成为我们面对的新问题。

A 环境破坏得到缓解　B 煤、石油对环境影响不大

C 人类已经找到了新的绿色能源　　　　　　　　D 煤、石油目前对人类仍然很重要√

（选自《新汉语水平考试大纲 HSK 五级》）

这一题型是新 HSK（五级）新增的题型，要求考生在阅读一个语段后选择与语段所表述的意思一致的选项。选项通常有两种情况：一是选项的内容与语段的部分细节相关，一是选项的内容与语段主要内容相关。根据这两种类型的选项，我们要用不同的方法来解题。

解题技巧

（一）题型测试重点一：语段细节义的理解

解答这类考题，可以从以下几个方面入手：

1. **根据选项内容预测语段的主要内容。**解答这一类考题时，应该在阅读语段之前先阅读 4 个选项，根据选项预测出语段的主要内容，再有针对性地去阅读语段。

【例 1】　从 1995 年开始，学校每年举行一次演讲比赛，到现在已经是第 15 届了。今年的比赛定在下周六，对于这场比赛，我非常有把握，我要争取发挥出最好水平，你们就等我的好消息吧。

A 比赛安排在周六下午　　　　　　　　B 我每年都参加这个比赛

C 我对这次比赛很有信心√　　　　　　D 这场比赛的水平不是很高

（选自《新汉语水平考试大纲 HSK 五级》）

该题的 4 个选项中都有“比赛”这个词，不难预测该题是在谈论一场比赛。还可以继续预测，既然是比赛，一般会涉及比赛时间、地点、比赛双方的情况、比赛前的准备、比赛结果等相关的内容。有了这些准备，再去阅读语段就很有针对性了，答题的准确率也会大大提高。

【例 2】　讲故事的人，往往在最吸引人的地方故意停下来。他这样做的目的，是为了引起大家的好奇心，让人有更大的兴趣听下去。讲故事的人，也可以利用这个机会观察一下大家的态度，以便接下来讲得更好。这种做法，中国人把它叫“卖关子”。

A 卖关子可以吸引观众√　　　　　　　B 讲故事的人没有好奇心

C 讲故事时不应该停下来　　　　　　　D 听故事的人喜欢卖关子

（选自《新汉语水平考试大纲 HSK 五级》）

该题的 4 个选项中出现了“讲故事”、“听故事”这样的词语，还有“可以”、“不应该”这样带有判断语义的词语，再结合选项的内容，可以预测这个语段谈论的可能是如何讲故事的话题。

2. **根据选项中的关键词查读语段细节内容，判断正确答案。**考生根据选项预测出语段主要内容并快速读完语段后，应该再对每个选项进行细读，找出选项的关键词。一般选项中有关时间、地点、数量的词，是非判断词语“不”、“有”、“是”、“没有”、“可以”、“不可以”、“应该”、“要”等，表示程度的词“最”，表示范围的词“只”、“都”等，选项句子的谓词部分，选项句子中的介宾短语的宾语部分以及引号（“　”）中的部分常常是关键的内容。需要特别注意的是，在找关键词时往往需要综合运用以上关键点，才能做出最快、最准确的判断。

【例 3】　京剧有近 200 年的历史。京剧在形成过程中，吸收了许多地方戏好的成分，又受到北京方言和风俗习惯的影响。京剧形成于北京，但不仅仅是北京的地方戏，中国各地都有演出京剧的剧团。

A 京剧只在北方演出　　　　B 京剧是中国最古老的戏剧

C 地方戏吸收了很多京剧的成分　　　　D 地方戏对京剧的形成产生过影响√

（选自《新汉语水平考试大纲 HSK 五级》）

该题的 4 个选项中都有“京剧”，很容易就能预测出这个语段的内容跟京剧有关。读完语段后，再细读每个选项，找出关键词。选项 A 的关键词“只”限定的范围是“北方”；语段中没有出现“北方”这个词，语段最后一句话“中国各地都有演出京剧的剧团”告诉我们这个选项是错的；选项 B 的关键词“是”、“最”修饰的“古老”一词语段中也没有出现；选项 C 的关键词是“吸收”，在语段中找到“京剧……，吸收了许多地方戏好的成分”，但选项 C 与这句话正好意思相反；选项 D 的关键词是介词“对”后的宾语“京剧的形成”，在语段中有两处“形成”，阅读后可以知道其中一处“京剧在形成过程中，吸收了很多地方戏好的成分”与选项 D 意思一致，因此正确答案是 D。

（二）题型测试重点二：语段主题义的理解

这一题型的语段一般是叙事性的，通常是一个小故事，想要做出正确的选择常常需要完全理解故事的内容，而这一题型的正确答案一般也是对语段内容进行总结的那个选项。

如果对故事性语段的理解有困难，可用“题型测试重点一”的解题技巧进行选项的排除，以缩小选择的范围，增加选择正确答案的几率。

【例 4】　一个人走在路上，看到前面立着一块牌子，上面写着：“此路不通。”可是那条路看起来好像没什么问题，而且前面的风景又非常美，于是那人决定继续往前走。拐了一个弯儿，他发现道路被一堆土堵住了，他不得不往回走。走到刚才的路口时，看见那块牌子背后写着另一句话：“相信了吗？”

A 牌子两面都写着字√　　　　B“此路不通”是假的

C 那条路堵车堵得很厉害　　　　D 那个人在路上看到两块牌子

（选自《新汉语水平考试大纲 HSK 五级》）

该题是一个小故事，如果考生在阅读后理解上有困难的话，可以先排除几个选项。选项 C 的关键词是“堵”，从语段中可以找到“道路被一堆土堵住了”，而不是“堵车”，所以 C 不对；选项 D 的关键词是数量词“两块”，从语段第一句“看到前面立着一块牌子”可知 D 也不对。这样就排除了 C 和 D，缩小了选择的范围，这有助于我们答题。从语段的第一句话和最后一句话知道 A 是正确的。

同步练习十二

第 1-10 题：请选出与试题内容一致的一项。

1. 一个男人告诉他的医生，他不能做他常做的家务了。当医生为他检查完了以后，他说：“医生，告诉我，我得了什么病？”“你只是最近比较懒。”医生回答。“好。”那人说，“请告诉我医学上这个怎么说，我好对我老婆解释。”

A 男人没生病

B 医生最近比较懒

C 男人生病了不能做家务

D 妻子想知道男人得了什么病

2. 聪明的人选择不看产品说明书，理由很多。与其浪费时间看说明书，他们更愿意来研究一下新产品，以提高自己对新事物的认知能力。不那么聪明的人同样不愿意看说明书，原因是不懂或者懒，碰到新事物就希望有人直接来教自己一下。

A 聪明人更愿意自己研究

B 不聪明的人愿意看说明书

C 聪明的人希望有人来教自己

D 不聪明的人更愿意提高认知能力

3. 男人说的“未来”是6个月到1年时间，女人说的“未来”可以是10年到50年。当男人爱上一个女人，他只会想象如何在短暂的未来与她亲密地发展；女人会幻想到结婚、生孩子甚至如何共度一生。

A 女人希望天长地久

B 男人说的未来比较长

C 女人说的未来很短暂

D 女人希望与男人亲密地发展

4. 月光族是那些把每个月赚的钱都用光、花光的人，所谓吃光用光，身体健康。同时，也指那些赚钱不多，每月收入仅可供每月基本消费的一类人。“月光族”是相对于努力存钱的人而言的。“月光族”提倡挣多少花多少。

A 月光族挣钱少花钱多

B 月光族是努力存钱的人

C 赚得多花得少是月光族

D 月工资无论多少都花完是月光族

5. 除了中国人喜欢饮茶以外，世界上还有不少民族也有饮茶的习惯，而且各有特色：英国人特别重视下午四点半以后的下午茶，哪怕是在开会或者工作，也要停下来喝下午茶。由于天气很热，泰国人喜欢在茶里放小冰块，这样喝起来让人感觉舒服。美国人为了节约时间，喝茶像喝咖啡一样，用水一冲就可以喝了。

A 别的民族很少饮茶

B 泰国人喜欢喝冰茶

C 美国人慢慢地喝茶

D 英国人下午开会的话不喝茶

6.《梁祝》是中国古代流传已久的爱情故事。祝英台女扮男装，在求学过程中爱上了梁山伯，最后与梁山伯生死不离，两人双双化成了蝴蝶。根据这个故事改编的小提琴曲《梁祝》在中国也深受大家的喜爱。《梁祝》的故事还经常出现在电影、电视剧甚至动画片中。

A 祝英台是男的

B《梁祝》是中国现代爱情故事

C《梁祝》是小提琴曲不是故事

D 梁山伯和祝英台最后变成了蝴蝶

7. 有个太太多年来不断地对别人说对面的太太很懒，“那个女人的衣服永远洗不干净，看，她晒在外面的衣服，总是有脏的东西，我真不知道，她怎么连衣服都洗成那个样子……”直到有一天，有个朋友到她家，才发现不是对面的太太衣服洗不干净。细心的朋友拿了一块布，把这个太太家窗户玻璃上的灰擦掉，说：“看，这不就干净了吗？”

A 对面的太太很懒　　B 这个太太的窗户脏了

C 这个太太洗衣服洗不干净　　D 朋友擦掉了对面太太窗户上的灰

8. 有一个小孩儿在果园里偷苹果，他爬到树上，正想摘一个苹果，突然被管理员看到了，管理员说：“小孩儿，你给我下来，竟然敢偷苹果，你爸爸在哪？我要找他说话。”小孩看了看上面，说：“爸爸，有位先生要找你说话。”

A 小孩在树下摘苹果　　B 爸爸在跟一个先生说话

C 爸爸和小孩一起偷苹果　　D 管理员看见了小孩的爸爸

9. 筷子不仅是中国古老文明的象征之一，而且还传播到了亚洲各国，产生了广泛的影响，在日本，每年 8 月 4 日是筷子节，韩国、新加坡、越南等国人们都喜欢用筷子吃饭。筷子的好处不仅在于干净、安全，而且许多科学家认为，经常用筷子可以使手指灵活，使人更聪明，对健康也十分有好处。

A 只有中国人用筷子　　B 用筷子使人更有智慧

C 筷子传播到了世界各国　　D 每年 8 月 4 日是韩国的筷子节

10. 许多情绪会引起哭，但是主要原因是伤心，其次是兴奋、愤怒。人们认为哭是很平常的事情，但是在科学家看来，哭仍然非常神秘。大多数人说他们哭后感到心情好多了，而且大多数的哭都发生在晚上 7 点到 10 点，因为在这段时间里人们常与亲人朋友聚会在一起或者在看电影、电视。

A 哭主要是激动引起的　　B 人们常常哭后更伤心

C 科学家觉得哭没什么奇怪的　　D 看电影、电视有人可能容易哭

应试速练四

第 61-70 题：请选出与试题内容一致的一项。

61. 我们很多人都有过这样的体会，一个人做事和有许多人一起做事不太一样。也许你平时和朋友在一起聊天的时候很轻松，但让你在很多人面前讲话时，即使你做了很充分的准备，可一上台表情就开始不那么自然，很多话也不知道从哪里说起。

A 上台讲话有人会紧张　　B 很多人和朋友聊天很严肃

C 准备充分了讲话就不会紧张　　D 很多人和朋友聊天表情不自然

62. 有人习惯把8个小时看成是一个成年人的正常睡眠时间，不足8个小时，就会产生心理负担：是不是病了？可能是失眠了吧？其实人和人的睡眠时间不必一样，有人每天的睡眠时间不超过3个小时，但是身体照样十分健康；相反，有人需要睡9个小时，甚至睡12个小时的觉才能恢复体力。

A 成年人每天一定要睡8小时　　B 睡多长时间都是健康的方式

C 不到8小时睡眠肯定是失眠了　　D 睡眠时间并不是每个人都要一样

63. 绿色食品在中国是对具有无污染的安全、优质、营养类食品的总称。在许多国家，绿色食品有着许多相似的名称，例如“自然食品”、“健康食品”等。绿色食品的标志由三部分组成：太阳、叶片、花朵。整个标志表现了无污染食品给人们带来的生命力。绿色食品标志还提醒人们要保护环境和防止污染，改善人与环境的关系。

A 绿色食品都是绿色的　　B 绿色食品在包装上有特有的标志

C 世界各国无污染的食品都叫绿色食品　　D 绿色食品的标志由太阳、叶片、绿树组成

64. “美眉”这个词中有个“美”字，而“眉”又是女子身上最能表现其美丽的部位之一，所以“美眉”很容易让人想到美女。“美眉”作为常用语能流行起来还因为台湾口语中“妹妹”的发音和“美眉”的读音十分相似。用“美眉”就能反映出这个发音特点，于是年轻人都使用这个词指代年轻美女。

A 美眉的意思是妹妹　　B 美眉这个词来自台湾地区

C 美眉指年轻漂亮的女子　　D 美眉和普通话“妹妹”发音差不多

65. 从来没有一种语言能够像网络语言一样，从产生的那天起就受到了各种议论。网络语言究竟是网络上的文字游戏，还是现代汉语的积极发展呢？目前还没有一个定论，不过国外的许多词典早已经把网络语言收入其中，我们与其批评年轻人运用网络语言，不如尝试着去理解和学习网络语言，去了解年轻人的想法。

A 网络语言只是文字游戏　　B 网络语言是现代汉语的退步

C 年轻人用网络语言应该批评　　D 通过网络语言可以了解年轻人的想法

66. 一位著名的作家来到一家书店，书店老板得到消息后非常兴奋。他让工作人员把这位作家的所有著作都拿出来摆上。作家一走进书店，发现都是他的作品，就问老板：“怎么都是我的作品？别人的呢？”老板不好意思地回答：“都卖完了。”

A 这位作家的作品卖完了　　B 老板喜欢这位作家的书

C 这位作家的书不受欢迎　　D 这家书店所有的书都卖完了

67. 志愿服务就是一些人自觉自愿为需要帮助的人服务而不收任何费用。志愿服务是一件很有意义的事情。如果我们认识到每个人在生活中都有可能得到别人的帮助，那么我们为什么不能拿出一点儿时间帮助别人呢？如果大家都这样想，志愿者就会越来越多。

A 志愿服务可以收费用　　B 志愿服务的人时间都很多

C 有人从来都不需要别人的帮助　　D 志愿服务是自愿为他人提供帮助

68. 感冒是很常见的一种病，你说它很严重，可它常常不需要打针吃药，一个星期左右就好，甚至到底什么时候好的你都不知道；你要是说它不是病，但是有时咳嗽、发烧，让你身体很多天都不舒服，还容易引起其他的疾病，带来更大的麻烦。

A 感冒不是病　　B 感冒后一定要打针

C 感冒有时很容易好　　D 感冒肯定会引起其他疾病

69. 说话是人们交流思想、表达意见的重要方式。女人，尤其是中老年女人，特别爱说话。这看起来好像是缺点，实际上，这正是她们缓解压力、解决心理痛苦的重要方式。心里有话就说出来，确实对健康有利。遇到不高兴的事儿，女人还爱哭，这对健康同样有很大的好处。

A 爱哭对健康不利　　B 女人爱说话是缺点

C 女人兴奋的时候爱哭　　D 心里有话说出来对健康有好处

70. 对一个孩子的教育，从幼儿园到小学、中学，最重要的教育成果应体现在哪里？不在于他认识了多少字，也不在于他能考多少个100分，而在于将他培养成一个完整的人。其中，情绪教育是最关键的。因为情绪与孩子未来的心理健康、成长、创造等都有关系。

A 孩子的考分最关键　　B 情绪教育比考分更重要

C 情绪决定孩子是否聪明　　D 孩子的教育成果体现在认字上

第三单元　阅读第三部分

考试题型

【样题】　第1-7题：请选出正确答案。

朋友买了一辆新车。周末，我和他一起去试车。为了试车的性能，我们把车开得很快。“我这辆车虽然不怎么有名，但速度也和那些好车差不多了吧。”朋友高兴地说。这时，前面的车突然停了，朋友急忙刹车，可是车滑行了好长的一段路才停下来，差一点儿撞到那辆车。我和朋友都吓出了一身冷汗。“现在，我终于明白一般车和好车的区别了！”朋友说。

其实，好车和一般车都可以开得很快，但它们在停车速度上却有很大的差别，好车可以更快地停下来。人生不也是这样吗？优秀的人不仅工作起来很有效率，他们也更懂得如何迅速地停下来。对于一件没有前途的事情，尽快地停下来才是最好的选择。

1. 他和朋友为什么会很害怕？

A 车开得太快了　　B 车停不下来了

C 车撞到了前面的车　　D 车没能很快地停下来√

2. 他的朋友明白了好车：

A 更省油　　B 能开得更快

C 能停得更快√　　D 能开得更稳

3. 他认为优秀的人：

A 有更好的前途　　B 有更好的工作

C 工作的效果更好　　D 更明白如何迅速放弃√

世界上有三种丈夫：

第一种是不闻不问的丈夫。在你把一件衣服穿了两年之后，他总算注意到了：“亲爱的，这是件新衣服吧？”讨论这种丈夫没有什么意义，我们就随便他吧。至少他有一个优点：能够让你自由地打扮。

第二种是理想的丈夫。对你穿的衣服真正地感兴趣，并会提出建议。他能理解时尚，领会时尚，喜欢谈论时尚，知道什么最适合你，以及你最需要什么，他赞美你胜过赞美其他女人。如果你碰到这样一个男人，一定要把他抓住——他可是极为<u>稀有</u>的，很难遇到。

第三种是管得太多的丈夫。他比你自己还清楚你适合穿什么，他决定你现在穿的衣服样式是好还是不好，他决定你应该去哪家商店买衣服。有时候，这种男人的选择会跟上目前的时代，不过大多数时候，他都受他母亲衣着的影响，所以他的眼光——说得客气一点儿——至少停留在20年以前。

4. 第一种丈夫：

A 常给妻子买新衣服　　B 很少注意到妻子的衣服√

C 不太喜欢妻子穿新衣服　　D 对妻子的衣服有很多要求

5. 第3段中画线词语“稀有”最可能是什么意思？

A 适合　　B 真实

C 非常少√　　D 容易找到

6. 关于第三种丈夫，下列哪项正确？

A 喜欢赞美妻子　　B 常和妻子去商店

C 很受女人的欢迎　　D 他的选择经常跟不上时代√

7. 第三种丈夫在哪方面受到母亲的影响？

A 性格　　B 穿衣打扮√

C 交际方式　　D 处理问题的方式

（选自《新汉语水平考试大纲 HSK 五级》）

这一题型是 HSK 考试中的常见题型。这部分一般有 5 篇短文，共 20 个题，主要考查对篇章的阅读理解能力，既考查对篇章大意的理解，也考查对篇章细节的理解，有时候还有对篇章中特定词语的理解，是对学生阅读能力的综合考查。在五级试题中，篇章的阅读以叙事性文章为主，另外还有议论性或说明性的文章，在题材上有哲理故事、寓言故事、社会生活的新现象等，针对不同的文章题材，在整体把握文章的内容上有不同的方法。

解题技巧

（一）题型测试重点一：哲理故事类短文

哲理故事的篇章结构常常是先讲一个故事，然后在短文最后一段得出一个道理。因此文章的最后一段是这一类型篇章阅读的重点，在短文后也一定有与之相关的问题。有时短文只讲一个故事，而故事说明的道理需要考生自己去理解总结，并要求考生在短文后的问题中做出正确的选择。

解答这类考题时，可以注意以下几点：

1. **先读题干和选项，预测故事的大概内容，然后通读短文。**一般读完题干和选项以后，重点考虑这个故事里有几个人，他们之间大概的关系，故事发生的地点，以及大概发生了一件什么事情等，带着这些预测内容再去通读短文。例如，样题第 1-3 题，读完题干和选项后，我们就可以预测出这个故事应该跟“车”有关，从第 3 题还可以进一步预测，讲完这个故事后，作者还从“好车”引申到了“优秀的人”。

2. **根据问题分段细读短文。**对短文的大概意思有了初步的理解后，再边读短文边答题，通常问题的考点顺序跟短文段落的顺序是一致的。也就是说，一般不会出现第一题根据后面的内容提出，第三题根据前面的内容提出。例如，样题 4-7，第 4 题的问题是根据第二段内容提出的，第 5 题的画线词在第三段中，第 6、7 题的问题则是根据第四段内容提出的。这样考生就能更有针对性地去阅读，提高答题的准确性。值得注意的是有些题与短文的段落并没有顺序对应的关系，这需要考生在整个短文中去找答案。一般这样的题的题干为“下列哪项说法正确”、“根据上文，可以知道”等。

3. **细读题干，确定提问点。**找出题干句子的关键词，一般句子的主语部分或句子的主题部分是考生需要在短文的相应段落中去找的提问点。例如，样题第 2 题，题干“他的朋友明白了好车”，这里的提问点是句子的主题“好车”，需要在短文中找到有“好车”的句子：“好车和一般车都可以开得很快，但它们在停车速度上却有很大的差别，好车可以更快地停下来。”根据这句话就知道答案是C。

4. 对于有关短文主旨提问的题，答案一般在最后一段。对短文主旨提问的题，题干常常是“上文主要想告诉我们什么”、“上文主要谈什么”、“最适合做上文标题的是哪一项”等，解答时要重点阅读短文的最后一段。如果短文只讲述了故事，而没有阐述其中的道理，那主旨内容就需要考生根据对全文的理解来总结。

5. 解答词义理解题型时，要根据前后句子上下文来判断词义。这类题要求判断词义的词语常常是习惯语或者非词汇大纲的词语，它需要考生根据对上下文的理解来判断画线词的意思，有时考生可以直接从上下文中找到对这个词进行注解的内容，根据注解的内容就能判断画线词的意思。例如，样题第5题要求理解画线词语“稀有”的意思，我们在“稀有”这个词所在上下文中发现，“很难遇到”已经对“稀有”这个词做了注解，因此很容易知道答案是C。

同步练习十三

第1-19题：请选出正确答案。

一位著名企业家在作报告，一位听众问：“你在事业上取得了巨大的成功，请问，对你来说，最重要的是什么？”

企业家没有直接回答，他拿起粉笔在黑板上画了一个圆，但并没有画完，留下一个缺口。他反问道：“这是什么？”“零”、“未完成的事业”、“成功”，台下的听众七嘴八舌地答道。

他没有告诉大家他们的回答是否正确：“其实，这只是一个未画完整的句号。你们问我为什么会取得出色的业绩，道理很简单：我不会把事情做得很完美，就像画个句号，一定要留个缺口，让我的下属去填满它。”

留个缺口给他人，并不说明自己的能力不强。实际上，这是一种管理的智慧，是一种更高层次上追求与他人共同的成功。

1. 关于这个企业家，下面哪种说法正确？

A 他很成功　　B 他做事情追求完美

C 他努力做好所有的工作　　D 他在黑板上画了一个完整的圆

2. 对圈的理解，下面哪个是正确的？

A 零　　B 成功

C 不完整的句号　　D 没完成的事业

3. 留个缺口给别人是：

A 因为自己完成不了　　B 因为自己能力不强

C 为了方便管理别人　　D 为了让下属有发挥才能的空间

4. 这个企业家成功的原因是：

A 把难题给下属　　B 做事情要完美

C 别让自己太强　　D 追求全局性的成功

职员 A 觉得自己的价值在公司没有体现出来，经常想：如果有一天能见到总裁，有机会表现一下自己的才能就好了！

A 的同事 B 也有同样的想法，他更进一步，去打听总裁上下班的时间，算好他大概会在何时进电梯，他也在这个时候去坐电梯，希望能遇到总裁，有机会可以打个招呼。

他们的同事 C 更进一步。他详细了解总裁的奋斗历史，弄清老总毕业的学校、人际风格、关心的问题，精心设计了几句简单却有分量的话语，在算好的时间去乘坐电梯，跟总裁打过几次招呼后，终于有一天跟总裁长谈了一次，不久就争取到了更好的职位。

愚者错失机会，智者善抓机会，成功者创造机会。机会只给准备好的人，这“准备”二字，并不是说说就可以的。

5. 关于职员 A，下面哪种说法不正确？

A 他见过总裁　　B 他觉得自己有才能

C 他对自己的工作很有想法　　D 他觉得自己没有机会表现自己

6. 职员 B 和职员 A 不同的是：

A 想见老总　　B 想办法与老总见面

C 想让老总知道自己的才能　　D 希望有机会发挥自己的才能

7. 职员 C 为什么能得到好职位？

A 他见到了老总　　B 他很了解老总

C 他做了充分的准备　　D 他有机会跟老总谈话

8. 这个故事告诉我们：

A 要耐心等待机会　　B 机会是给有准备的人的

C 对自己的工作要有理想　　D 自己的想法要让领导知道

在第二次世界大战期间，许多中小企业纷纷破产，大多数企业只好关门。其中一家水果店也受到很大影响，老板经营困难。然而老板很有经济头脑，他不希望就此失败。经过一番考虑，他想出了一个绝好的办法。老板派人去苹果产地预订了一些苹果，在成熟以前把小纸条儿贴在苹果上，当苹果完全变红之后，去掉纸条，苹果上就留下了一片空白。

水果店老板从客户名单中挑选大约 200 名订货数量较多的客户，把他们的名字用油性水笔写在透明的纸上，请人一一贴在苹果的空白处，然后送给客户。结果几乎所有的客户都对这种苹果感到惊讶，并且十分感动，因为客户们认为水果店真正把他们放在心上了。

送给每个客户一两个本地产的苹果，实际上花不了多少钱。但客户接到这个特别的礼物都十分感激，其效果不比送了一箱苹果差。因为这一两个很有人情味的苹果，客户们记住了这家水果店。

很快，这家水果店的水果销售量大增，老板的利润增长了好几倍。

一定不要忽视每一个小小的富有人情味的细节和举动，或许那正是我们人际关系和事业成功的关键。

9. 关于这个老板，下面哪种说法正确？

A 快要破产了　　B 他买了一些熟的苹果

C 生意越来越红火　　D 他在苹果成熟后贴上了纸条儿

10. 老板送给客户什么？

A 一箱苹果　　B 自己摘的苹果

C 卖不出去的苹果　　D 贴有客户名字的苹果

11. 根据本文，下面的说法哪个正确？

A 收到苹果的客户很感动　　B 老板花了很多钱去买苹果

C 老板把苹果送给了所有的客户　　D 他把客户的名字直接写在苹果上

12. 这个故事告诉我们：

A 细节决定成败　　B 要对自己有信心

C 顾客是最重要的　　D 做事不能轻易放弃

有一家公司要招聘一个职员，三个应聘者被要求分别待在三个不同的房间里。房间中生活用品都有，但是没有电话，不能上网。招聘的人没有告诉三个人要做什么，只是叫他们耐心地等待。

第一天，三个人都很高兴地度过了，读书看报，听音乐。

第二天，情况开始出现了变化：有人变得烦躁不安，有人不断地变换着电视里的电视节目，只有一个人，仍然跟着电视节目里的情节快乐地笑着，平平静静地睡觉。

五天后，招聘的人将三个人请出了房间，并告诉他们最终的结果：那个能坚持快乐生活的人获得了这个职位。

招聘的人解释说："快乐是一种能力，能够在任何环境中保持一颗快乐的心，更有把握走向成功。"

13. 应聘者待的房间里没有什么？

A 书　　B 电话　　C 报纸　　D 电视

14. 根据本文，下面的说法哪个正确？

A 三个人在一起待了三天　　B 前两天大家都很高兴地度过了

C 公司给应聘者提出了具体要求　　D 只有一个人每天都过得很快乐

15. 招聘公司看中的能力是什么？

A 诚实　　B 耐心　　C 快乐　　D 坚持

一个女孩儿，小时候由于身体弱，每次体育课跑步都落在最后。这让她感到非常沮丧，甚至害怕上体育课。这时，女孩儿的妈妈安慰她："没关系的，你年龄最小，可以跑在最后。不过，孩子你记住，下一次你的目标就是：只追前一名。"

小女孩儿点了点头，记住了妈妈的话。再跑步时，她就拼命追赶她前面的同学。结果从倒数第一名，到倒数第二、第三、第四……一个学期还没结束，她的跑步成绩已达到中等水平，而且也慢慢地喜欢上了体育课。

接着，妈妈把“只追前一名”的理论深入到她的学习中：“如果每次考试都超过一个同学的话，那你就非常了不起啦!”

就这样，在妈妈的教育下，这个女孩2001年居然从北京大学毕业，并被哈佛大学以全额奖学金录取，成为当年哈佛教育学院录取的唯一一位中国学生。她就是朱成。其后，朱成在哈佛攻读硕士、博士学位。读博期间，她当选为有11个研究生院、1.3万名研究生的哈佛大学研究生总会主席。这是哈佛370年历史上第一位中国籍学生出任该职位。

“只追前一名”，就是所谓的“够一够，摘橘子”。没有目标便失去了方向，没有期望便失去了方向，没有期望便失去了动力。但是，目标太高、期望太大的结果，不是能力不够，便是容易放弃。明确而有可能实现的目标、真实而又适度的期望，才能引人朝前走。

16. 朱成为什么不喜欢上体育课?

A 上体育课累　　B 她身体不好　　C 害怕上体育课　　D 每次跑步都落后

17. 最后朱成跑步的成绩到了什么水平?

A 第一　　B 倒数第四　　C 倒数第一　　D 中等水平

18. 关于朱成，下面哪个说法正确?

A 朱成被选为哈佛学生总会主席

B 朱成在北京大学取得博士学位

C 朱成是370年里考上哈佛的唯一的中国学生

D“只追前一名”的理论在学业上也影响了朱成

19. 这个故事告诉我们：

A 要对自己有信心　　B 有目标就有方向

C 有希望就有动力　　D 目标要明确并有可能实现很重要

(二)题型测试重点二：说明性短文

这类短文一般是介绍一种社会现象或自然现象，在结构上有“总—分—总”的特点，通常第一部分(常常是第一段)介绍说明的现象或内容，第二部分分几个方面来说明，有时短文里有很明显的词语标志，例如“第一”、“第二”等，最后一部分(常常是最后一段)进行总结。这类短文的阅读重点在于了解说明的几个方面，了解这些将会对答题有很大的帮助。

说明性短文的具体解题方法可以参照前面哲理故事类的短文的解题方法，特别是细节有关的题型，以上的方法也是很适用的。

这里只说明一点：说明性短文有关主旨题的答案一般在短文的第一段里，这类题的题干一般是“上文主要介绍的是”等。

【例1】　电视给我们带来很多快乐，使我们学到很多知识，丰富了我们的文化生活，但电视也给我们带来了很多坏处。

第一，……。第二，……。第三，……。第四，……。……

总之，电视带给我们知识和娱乐，它带给我们的快乐是主要的，但同时它也带来了一定的危害，重要的是我们怎样充分利用电视，怎样来看电视。

1. 上文主要介绍的是：

A 电视带来的问题√　　B 电视的娱乐价值

C 如何充分利用电视　　D 电视对身体造成的损害

（选自《新汉语水平考试真题集 HSK 五级》）

该题“上文主要介绍的是”，考生从第一段“……，但电视也给我们带来了很多坏处”这句话中就能知道答案是 A，该题的干扰项“D 电视对身体造成的损害”，只是电视带来的诸多问题中的一个，不是整篇文章的主要内容。

同步练习十四

第 1-19 题：请选出正确答案。

我们每天洗脸，可你知道洗脸时有哪些讲究吗？

首先，不该用脸盆，先不说脸盆是不是清洁，只说其中的洗脸水，在手和脸互动以后，越来越脏。还不如把手洗干净，再用手洗脸。

另外，不该用肥皂，人的面部皮肤有一层保护膜，是一种天然的“高级美容霜”，有保护皮肤的作用，肥皂不仅起不到保护的作用，而且还会刺激皮肤，使皮肤多出油。

此外，还不该用热水，因为热水彻底清洁了面部的保护膜，所以热水洗后，皮肤会感到很紧、很难受。其实用冷水就能把脸上的灰尘洗去，同时还锻炼了面部的神经，使大脑清醒。

最后，还应该注意洗脸毛巾要保持清洁干燥，不用湿毛巾擦脸，用手洗脸后用干毛巾擦干，又快又卫生。

1. 关于短文第二段，下面哪种说法正确？

A 洗脸要用脸盆　　B 先洗手再洗脸

C 洗脸不要用手和脸互动　　D 用冷水洗脸洗脸水不会脏

2. 洗脸用肥皂会怎么样？

A 保护皮肤　　B 刺激皮肤　　C 洗得很干净　　D 让皮肤不出油

3. 为什么热水洗脸让皮肤很紧？

A 脸没洗干净　　B 脸上有灰尘

C 皮肤没了油　　D 破坏了皮肤的保护膜

4. 根据本文，下面哪种说法正确？

A 要用脸盆洗脸　　B 洗脸要用热水

C 洗脸用肥皂洗比较干净　　D 用冷水洗脸能使人清醒

5. 上文主要介绍的是：

A 如何洗脸　　B 洗脸要用冷水

C 洗脸不能用肥皂　　D 洗脸不应用脸盆

为什么很多国家都规定孩子6岁才能入学呢？专家说，6岁左右的儿童的心理发展特点决定了这是最适合入学的年龄。

首先，作为心理发展基础的脑的发育情况，在6周岁时，大脑已从初生婴儿的350克，生长到1200克，达到成人脑重量的90%，智力发展水平已达到17岁智力发展水平的70%。

其次，从心理认知水平看，6岁左右的他们已经具有一定的记忆能力、判断能力、背诵能力以及概括和简单运算能力，说话和语言理解能力已飞速发展，已积累了丰富的语言词汇。

第三，在心理的社会方面，这个年龄的孩子一般有很强烈的求知欲，有一定的自制力，能够坚持稍长一些时间的智力活动，已习惯进行社会性和集体性游戏，遵守相应的规则。

由此可见，对绝大部分孩子而言，6岁左右的生理、心理发展水平，已经为入学进行正式的学习打好了基础和做好了准备。当然，每个孩子的发展情况是不同的，关键还是要看孩子的心理发展是否达到了6岁孩子的普遍水平。

6. 6岁时，大脑：

A 有350克　　B 智力水平是17岁的90%

C 比出生时生长了1200克　　D 是成人大脑重量的90%

7. 在认知水平上，6岁的孩子不具备下面哪种能力？

A 记忆能力　　B 语言能力　　C 判断能力　　D 复杂运算能力

8. 在心理的社会方面，6岁的孩子不具备哪些特点？

A 习惯集体性的活动　　B 具有一定的自控能力

C 能稍长时间地思考　　D 有相当丰富的社会知识

9. 6岁能否入学主要是由什么决定的？

A 身体状况　　B 心理发展　　C 语言能力　　D 智力水平

如今，不少家长对早期教育的认识还停留在认字、计算、学英语等范围内，孩子“专心”这种素质的培养还没有引起家长的重视。往往直到孩子上学了，成绩不如人，家长才意识到“专心”是很重要的品质，应该在学前好好培养。而且孩子专心的习惯是可以在游戏中培养和形成的。

首先，家长不要随便中断孩子的游戏活动。即使孩子还小，甚至不会说话，家长也要专心地对待给孩子讲故事、陪孩子玩这一类的事，如果一边讲故事一边与朋友聊天，或干这干那，就会为孩子树立不认真的坏形象。

其次，家长不要随便干扰孩子的游戏。当孩子专心的时候，任何等待都是必要的，家长常常犯的毛病是，当孩子两三岁的时候，看孩子认真、努力的可爱样子，忍不住抱起孩子又吻又亲；当孩子大一些时，又常常不管孩子是否正专心地忙什么，一会儿叫孩子干这，一会儿叫孩子干那，完全意识不到这样会破坏孩子的“专心”。

另外，为孩子安排一个安静的游戏区域，使孩子不受干扰地游戏也很重要。如果可能，应尽量让孩子在一个安静、能长时间不受干扰的房间里玩儿。

可以肯定地说，一个连游戏都不能专心的孩子，一定不会专心地读书学习。

10. 本文认为什么能力对孩子的培养很重要？

A 认字　B 计算　C 语言　D 专心

11. 家长在培养孩子专心的过程中不应该：

A 安排一个安静的环境　B 不要干扰孩子的游戏

C 一边陪孩子玩一边打手机　D 不要随便中断孩子的活动

12. 根据本文，下面的说法哪种不正确？

A 孩子的专心需要在早期教育中培养　B 安静的房间比较适合孩子一个人玩

C 孩子在玩的时候家长不要让他干这干那　D 如有着急的事情家长可以打断孩子的游戏

人都会有朋友。很多人 30 岁以前对朋友没什么认识，30 岁以后就会对以前的朋友进行比较。

大致说来，朋友有几种。一种叫“水友”，这种朋友之间关系像水一样，偶尔见面，也就是坐一会儿，喝杯茶。在你得意的时候，他不会找你，也不渴望得到什么；哪天你遇到了困难，他会尽力帮助你。有这种朋友，实在是人生的幸运。

第二种朋友叫“师友”，他一般有学问，对人真诚，见不得别人有缺点，对你，他也会整天劝告你、教导你、总要指出你的不足之处。有这样的朋友，你还怕不进步吗？

还有一种朋友叫“狗友”。在你得意的时候，他和你一起吃喝玩乐，和你好得恨不得穿一条裤子，他像狗一样把你当他的主人。要是有一天你倒霉了，他就没影了，甚至打击你、欺负你，什么都干得出来。

13. 什么样的朋友会在你遇到困难时尽力帮你？

A 水友　B 师友　C 狗友　D 鬼友

14. 根据本文，下面哪个说法正确？

A 千万不要去交狗友　B 水友对你不会太关心

C 师友总喜欢指责别人　D 狗友是最诚心的朋友

15.“水友”的特点是什么？

A 经常喝茶的朋友　B 30 岁以后才有的朋友

C 你有了困难他全力帮你　D 你有了困难他远远看着

16.“师友”的特点是什么？

A 他们都是老师　B 特别想当老师

C 总是指出别人的缺点　D 总是希望别人真诚一些

各大商场都把打折活动当作主要的经营方式。现在商家的打折方式虽然各有不同，可是，概括起来只有两种：第一种就是我们经常看到的全场八折、六折等方式，这类打折比较直接地把利益让于顾客，我们可以在购物时少花一些钱。另外还有一种方式叫购物赠优惠券。虽然看起来优惠券的面值比较高，可是您为了把优惠券花出去，还要增加支出。

打折主要用于服装、鞋帽类商品。这当然是由服装鞋帽季节性强、流行期短决定的。这类打折商品多是没卖出去的存货，有些甚至是过季商品。所以，在购买打折商品时，不能冲动。

当然打折还是有合适的东西的。有些名牌服装做工好，但是价格高，所以很多女性消费者都在打折时购买。但是也要提醒大家：首先，色彩方面不选目前流行的颜色，而要选择黑、灰、白、米色等传统色的衣服。因为这些颜色好搭配也不易过时。另外选择打折的长裤比上衣合适，因为裤装变化小，流行的时间长。

17. 打折为什么主要用于服装、鞋帽？

A 利润高　　B 流行期长　　C 季节性强　　D 需求量大

18. 挑选打折服装时在色彩方面不宜选哪种颜色？

A 黑色　　B 灰色　　C 米色　　D 红色

19. 关于“打折”哪种说法是对的？

A 长裤打的折多　　B 打折的东西都容易过时

C 买打折的东西总是很省钱　　D 用优惠券可能会增加支出

（三）题型测试重点三：议论性短文

议论性短文的篇章结构常常是三个部分：提出问题—分析问题—总结问题。提出问题就是指出要议论的话题，分析问题就是提出不同的看法，这里要特别注意作者自己对问题的看法，这是理解的关键。总结问题有时会针对这一问题提出一些解决的方案。

哲理故事类短文的解题方法也适用于议论性短文。

阅读议论性短文最重要的就是要抓住观点，特别是作者要表达的观点。所以考生应该特别注意这些表达，如“有人（专家）认为……”、“总之……”、“因此……”、“调查/研究发现……”、“看来……”等。议论性短文的观点也常常出现在文章的第一段或者最后一段。

【例 2】　大多数的人永远都嫌自己不够有钱。然而社会学家发现，当人们真正有钱之后，又会抱怨自己没有足够的时间。从很多例子可以看出，越是有钱的人越没有时间，而穷人和那些失业的人，每天闲得难受。

人们追求财富，目的是为了让生活过得更好，可奇怪的是，人们一旦有了钱，反而更忙碌，更无法舒舒服服地过日子。

当生活不富裕的时候，很多人都想过“等我有了钱以后就可以怎么样怎么样”。在人们的想象中，“有钱”代表自由、独立、随心所欲——夏天可以到海边度假；冬天可以到山上去滑雪。

然而，当人们果真富有了，却发现自己根本无法去实现这些梦想——理由永远只有一个：“没时间！”不少高收入的人，几乎都是工作狂。

看来，“有钱”和“有闲”永远难以两全。难怪有人说：“当你年轻、没钱时，希望能用时间去换金钱；当你有钱后，却很难再用金钱买回时间。”

1. 上文主要谈什么？

A 穷人和富人　　B 时间和金钱√　　C 理想和现实　　D 闲人和忙人

（选自《新汉语水平考试大纲 HSK 五级》）

该题的第一段和最后一段都很清楚地阐述了“时间”和“金钱”的关系，特别是最后一段“看来，……”，表达了作者的观点，因此很容易判断该题的答案是 B。

同步练习十五

第 1-13 题：请选出正确答案。

有不少人，特别是年轻人说，现在的消费方式是用明天的钱来换今天的快乐生活，然后再用今天的钱来还昨天借的钱。生活有了压力，工作才会更努力。今天过得好，明天才会更好。人不能总是只看眼前。他们主张该买房就买房，该买车就买车，该享受就享受，甚至借钱享受。

也有人说，享受已经有的东西让人觉得踏实，有踏踏实实的心情是一种快乐，努力以后得到的东西更让人快乐。谁也不能肯定明天是不是更好。可能得到许多，但是许多已经有的东西也可能没有了，比如健康的身体、丰富的知识、高收入的工作。

1. 根据第一段，下面哪种说法正确？

A 借钱生活不可取　　B 今天不用明天的钱

C 挣多少钱花多少钱　　D 有压力才能更好地工作

2. 根据第二段，下面哪种说法不正确？

A 应该踏踏实实地生活　　B 得到的多也许失去的也多

C 努力得到的东西让人快乐　　D 相信明天的生活一定比今天更好

最近几年，毕业生的就业问题越来越严重。专家指出，充分的就业准备和积极乐观的求职心态是毕业生实现就业的关键之一。

有的同学在求职时准备了厚厚的证书，可真正能证明自己适合求职岗位的只有两三个。盲目考证不仅浪费金钱，更是时间和精力的浪费。

对自己的合理定位是毕业生就业的另一关键。很多学生认为单位总是要求工作经验，其实随着中国经济的持续快速发展，为广大毕业生提供了很多就业机会，无需工作经验的职位也不少，而且这些职位容易适应、没有难度、基础性较强，但大多数毕业生对这样的岗位却态度冷漠。因此，毕业生在就业过程中先要评估自己的专业特点和资历情况，明确自己的发展方向，给自己一个合理准确的定位。

3. 根据上文，毕业生要实现就业需要：

A 好的专业　　B 工作经验

C 充分的准备　　D 证明自己能力的证书

4. 无需工作经验的职位有什么特点？

A 要求高　　B 难度大　　C 难适应　　D 基础性工作

5. 画线词“冷漠”是什么意思？

A 冷静　　B 重视　　C 不关心　　D 看不起

6. 关于毕业生，这篇文章告诉我们：

A 如何实现就业　　B 如何给自己定位

C 如何找到好工作　　D 如何积累工作经验

一些专家认为，电脑使用得当可以开发儿童智力，使用不当反而会影响儿童智力发育。

儿童的生长发育需要多种多样的活动，包括游戏、交流等，过分沉溺于电脑，把电脑当作游戏机，就会使孩子的被动性增加，创造力下降。电脑的教育功能取决于软件，软件不好，效果也会适得其反。目前市场上销售的电脑软件大部分谈不上有教育作用。软件制造者在制作教育软件时考虑的主要是销路，特别强调易于操作、娱乐性强、能吸引孩子等，教育功能并没有发挥出来。

现在很多孩子写作文用电脑，这也是不可取的。因为用笔写文章能使孩子集中精力，有利于构思，而且，汉字必须经常写才能熟记。

7. 电脑的教育功能体现在哪里？

A 电脑上的软件　　B 使用电脑的时间

C 是否把电脑当游戏机　　D 是否用电脑写文章

8. 软件制造者在制作教育软件时较少考虑什么？

A 娱乐性强　　B 好不好卖　　C 教育功能　　D 能吸引孩子

9. 根据本文，下面哪种说法正确？

A 电脑影响儿童智力的发展　　B 电脑软件都没有教育功能

C 儿童生长发育需要电脑游戏　　D 长时间玩电脑游戏会使创造力下降

现在，一次性产品大量出现在我们的生活中。虽然一次性产品推动了经济的增长，给我们的生活带来了方便，但也逐渐改变了人们一直坚持的勤俭节约、爱惜东西的传统价值观念。

一次性产品充满了我们的日常生活，从一次性纸杯、餐具到桌布、照相机。电脑也是一个讲究迅速更新换代的产品，用户拥有的软件远比他们真正需要的多。软件的更新也符合了那些一次性产品消费者的观念，更新只是为了追求时尚。

不可否认，一次性产品对于经济的发展具有重要作用，它能促进消费，从而带动经济增长。但是一次性产品也给我们的生活带来了灾难，世界变成了一个巨大的垃圾场，越来越多的一次性产品污染了我们的海洋、陆地和环境。一次性产品还产生了一代以享乐为原则的年轻人，助长了他们大手大脚和不爱惜的坏习惯。用惯了一次性产品的人甚至认为，如果没有一次性产品就无法生活。更令人悲哀的是，当今社会，“节约”似乎成了“失败”的同义词。

10. 一次性产品的出现带来了什么变化？

A 不再提倡节约　　B 节约就会失败

C 有了一次性电脑　　D 生活用品都可以用纸做

11. 一次性产品给人类带来了什么麻烦？

A 产品更新太快　　B 经济不再发展

C 阻碍正常消费　　D 产生大量垃圾

12. 一次性产品改变了人们什么价值观念？

A 应该节约　　B 不爱惜东西

C 生活是快乐的　　D 失败的人才节约

13. 关于一次性产品，这篇文章主要谈什么？

A 它的种类　　B 它带来的方便

C 它推动了经济的发展　　D 它改变了人们的习惯和价值观念

解题小贴士

1. 注意标点符号的作用，例如：分号“;”表示前后的内容都是并列的关系；冒号（:）表示后面的内容是对前面的解释说明。

2. 注意连词的作用，特别是表示转折关系的连词，一般“但是”、“然而”、“反而”等后面的信息比“虽然”后面的信息重要，隐藏着一些作者的观点。

3. 注意一些标志文章结构的词语，例如：“第一，……；第二，……”、“首先，……；然后，……；再者，……”、“总之”、“看来”等。

应试速练五

第71-90题：请选出正确答案。

一天，有个青年因为对另外两位青年谈恋爱感到非常不满，就跑来找大教育家陶行知。

他说：“陶先生，您应该管一管，他们太不像话了，简直把恋爱当饭吃！”“是吗？”陶行知眼睛里闪耀着惊奇的目光，“他们真的把恋爱当饭吃吗？”

“谁还对您说假话？他们就是这样嘛！您应该批评批评他们。”

“批评？——不，我认为应该表扬他们。”陶行知若有所思地说，头还在不停地点呀点的。

“陶先生，请您不要开玩笑，他们这样发展下去，对集体的影响是很大的。”

“为什么？”

“因为他们把恋爱当饭吃，如果不管，就会影响别人也把恋爱当饭吃。”

“那很好，我一定完全赞同。”陶行知一本正经地拍拍那位青年的肩膀说，“假如今后你搞恋爱，我也希望你和他们一样。”

“陶先生又在讲笑话了。”

“不，这绝不是笑话，把恋爱当饭吃，这是人生最正确的恋爱观！人每天吃饭不过三顿，每顿按十分钟，加个倍，一共也不过一个钟头，其余时间就可以专心工作，专心学习。一句话，就可以使一天的工作和学习得到更大的成效，这不是很好吗？我担心你们的，并不是你们把恋爱当饭吃；恰恰相反，不把恋爱当饭吃，而是把它当成工作和学习，当成生活的全部！”这位青年听完，也笑了。

71. 这个青年为什么找陶行知？

A 询问自己该怎么谈恋爱　　B 不知道该什么时候恋爱

C 希望他教育一下整天谈恋爱的青年　　D 有两个男女青年吃饭的时候还谈恋爱

72. 关于陶行知，下面哪项不对？

A 他赞成把恋爱当工作　　B 青年开始没明白他的意思

C 他认为一天中吃饭的时间并不长　　D 他担心很多人把恋爱当生活的全部

73. 陶行知关于恋爱的观点是：

A 把恋爱当工作　　B 把恋爱当学习

C 用所有的时间好好恋爱　　D 恋爱不是生活的全部

74. 陶行知对他们恋爱方式的态度是：

A 赞成　　B 反对　　C 看不起　　D 无所谓

古时候有一个人，准备到集市上去买一双新鞋。他去之前先在家用一根小绳量好了自己脚的长短尺寸，然后将小绳放在座位上，就出门了。

一路上，他紧走慢走，走了一二十里地才来到集市。他直接走到鞋店前，里面有各式各样的鞋子。这个人让老板拿了几双鞋，他左挑右选，最后选中了一双自己觉得满意的鞋子。他正准备掏出小绳，量一量新鞋的大小，这才想起小绳放在家里忘记带来。

他急急忙忙地返回家中，拿了小绳又赶往集市。尽管他一路奔跑，还是花了差不多两个小时。等他到了集市，鞋铺也关门了。他鞋没买成，低头瞧瞧自己脚上，原先那双鞋现在更破了。

有几个人围过来，知道情况后问他：“买鞋时为什么不用你的脚去穿一下，试试鞋的大小呢？”他回答说：“那可不成，量的尺寸才可靠，我宁可相信尺寸，也不相信自己的脚。”

那些不尊重客观实际、自以为是的人不也像这个带着鞋尺码去替自己买鞋的人一样愚蠢可笑吗？

75. 这个人带着什么去买鞋？

A 绳子　　B 尺　　C 新鞋　　D 什么也没带

76. 郑人为什么回去了一趟？

A 没带钱　　B 回去换鞋　　C 回去量尺子　　D 回去拿绳子

77. 下面哪种说法正确？

A 郑人没买到新鞋　　B 郑人的家离集市很近

C 郑人试了一下新鞋　　D 郑人带着绳子来买鞋

78. 这个故事告诉我们：

A 遇事要灵活　　B 要相信自己

C 要遵守规则　　D 自己做的事情才可靠

有的人乘车船等交通工具时会头晕。我们可以根据不同的情况采取不同的措施。首先，要注意预防，预防的方法有以下这些：谈论一些有趣的话题来转移注意力，不去想晕车的事。另外，乘坐交通工具时，选择通风好、比较稳的座位坐下。如果坐公共汽车，可以坐中间或稍靠前的座位；如果坐船，可以选择船中间部位的座位；不要坐在车船的后部，这里摇晃比较厉害。其次，晕车还可以采取一些措施：下车呼吸一些新鲜空气，解开衣服或者打开窗户躺下。另外，乘车前要准备一些呕吐时用的袋子。

为了避免晕车，还要注意以下一些问题：上车半小时前吃点儿晕车药；乘车前不要喝过多的水、吃过多的东西，进食应该在乘车前一小时完成；疲劳或睡眠不足时应尽量避免乘车。

79. 如果晕车或晕船了，我们不能做什么？

A 吃东西　　B 打开窗户

C 转移注意力　　D 下车呼吸新鲜空气

80. 坐车的时候坐在哪里容易晕车？

A 后面　　B 靠前　　C 中间　　D 窗户旁

81. 关于避免晕车，下面哪种说法正确？

A 多喝点儿水　　B 坐车前少睡觉

C 上车后吃晕车药　　D 上车前一个小时吃完饭

有一个叫阿凡提的人很聪明，国王不相信。有一天，国王煮了一只鸡，叫来阿凡提，让他把这只鸡分给在现场的人。阿凡提说："尊敬的国王，您是老百姓的首领，所以鸡头应该给您。皇后是您的伴侣，您离不开她，就像头离不开脖子，所以鸡脖子给皇后。您还有两个弟弟，他们是您的胳膊，所以这一对鸡翅膀应该给他们。您的两个王子，好像是您的两只脚，您靠他们在这个国家立足，所以鸡爪子给王子。您把我叫来分鸡，这样看得起我，我也应该有一份，那么其他的部分就给我吧。"说完就提着鸡的身子走了。国王拿着鸡头哭笑不得，真后悔让阿凡提来分鸡。

82. 国王为什么让阿凡提分鸡？

A 想为难他　　B 觉得他聪明

C 想请他吃鸡　　D 不知道该怎么分

83. 阿凡提把鸡分成了几个部分？

A 7　　B 5　　C 4　　D 3

84. 阿凡提留给自己的部分包括什么？

A 鸡腿　B 鸡脖子　C 鸡翅膀　D 鸡爪子

85. 阿凡提把翅膀分给了谁？

A 国王　B 皇后　C 王子　D 国王的弟弟

“闪婚”就是指男女双方认识很短时间便闪电般速度结婚。如今的闪婚，从某种程度上反映了现代青年的婚姻观。

有人认为现代社会竞争激烈，对成天忙于事业又经历过几次恋爱的男女，他们不愿过多耽误工作和精力，甚至浪费时间、金钱。同时，闪婚也不符合婚姻的基本规律，爱是婚姻的基础，爱需要双方深入了解。闪婚会使这种足够的了解打折而留下婚姻关系不稳定、离婚率相对提高等问题。虽不能肯定地评价某人闪婚是好是坏，但也劝青年选择闪婚时一定要头脑冷静。

但也有人认为人与人之间的了解程度并不是认识时间越长越深，关键在于彼此之间是否意趣相符、是否真诚；爱情长跑不一定能保证婚姻的长久幸福。对“闪婚”者而言，当激情过后进入平淡的婚姻期时，他们完全可以再培养感情，这样，感情就会持久，婚姻就会幸福。

作为人生的一件重要大事，婚姻对每个人来说面临着多种多样的选择，是选择一见钟情式的“闪婚”，还是选择马拉松式的爱情长跑，各种方式哪个喜哪个悲，确实无法得出结论。

86. 闪婚的特点是什么？

A 结婚快　B 离婚快　C 无爱的婚姻　D 结婚后再恋爱

87. 支持闪婚的观点认为：

A 没感情也可以结婚　B 闪婚的人容易离婚

C 爱情需要长时间培养　D 婚前相处时间长感情不一定持久

88. 反对闪婚的观点认为：

A 爱需要时间深入了解　B 结婚后感情可以再培养

C 认识时间长不一定感情深　D 男女双方是否意趣相投很关键

89. 根据本文，关于闪婚的夫妻下面哪种说法正确？

A 不够真诚　B 了解得很深

C 认识的时间不长　D 忙于事业所以离婚率高

90. 作者对“闪婚”是什么态度？

A 无奈　B 反对

C 赞成　D 没有明确的态度

三　书写

书写分为两个部分：第一部分8题，每题提供几个词语，要求根据所给出的词语整理出一个完整的句子。第二部分2题，第一题提供几个词语，要求用这几个词语写一篇80字左右的短文；第二题提供一张图片，要求结合图片写一篇80字左右的短文。

书写主要考查考生对汉语词序的掌握以及小语段的书面表达能力。因此遣词造句、连句成段是这一部分掌握的重点。

第一单元　书写第一部分

考试题型

【样题】　完成句子。

发表　　这篇论文　　什么时候　　是　　的

这篇论文是什么时候发表的？

（选自《新汉语水平考试大纲HSK五级》）

新HSK五级书写第一部分保留了与四级书写第一部分相同的考查题型：连词成句。四级在该题型中主要考查考生对汉语基本句型（主语+谓语+宾语）的掌握，而在五级中侧重考查汉语句子中的修饰成分定语、状语、补语的位置，以及特殊句型，如“把”字句、“被”字句、比较句、强调句型、固定结构，还涉及词语的特殊用法，如词语的重叠等。

解题技巧

（一）题型测试重点一：定语

定语是一种修饰语，主要用来修饰中心语（在句子中充当句子的主语和宾语），构成“定语 +（的）+中心语（主语/宾语）”。

1. 定语的类别。

（1）限制性定语。这种定语主要是从数量、时间、处所、归属、范围等方面对主语或宾语做出说明。主要由数量词、时间处所词、名词、代词等充当。例如：

① 很多妇女在工作中表现优秀。　　　　☆表示数量

② 这周的汇率有所下降。　　☆表示时间

③ 他脑袋里的想法总是很奇怪。　　☆表示处所

④ 很感谢兄弟们的帮助。　　☆表示所属

⑤ 你办的俱乐部的优惠卡过期了。　　☆表示范围

（2）描写性定语。这种定语是从性质、状态、特点、质料、职业等方面描写主语或宾语。主要由名词或形容词来充当。例如：

① 领导在会议上做了非常重要的讲话。　　☆描写性质

② 李明是一个勤奋的学生。　　☆描写特点

③ 她刚买了一件棉布的衣服。　　☆描写质料

2. 多项定语的位置。

在一个句子中，有时主语和宾语的前面会有几个定语，这就是多项定语。这一题型受句子切分数量的限制（一般每题不超过5个切分段），试题中如果出现定语时，一般不会过多附加定语项。出现较多的是递进关系的多项定语。递进关系定语是指几个定语在说明中心语时，具有层次关系。递进关系定语的排列有一定的规律，一般为“限定性定语 + 描写性定语”，例如：

① 这是　在学习中（限定性）　普遍存在的（描写性）　问题。

② 明天下午有　一个（限定性）　关于中国饮食文化的（描写性）　讲座。

多项限定性定语与多项描写性定语的一般排列顺序是：

> 表示归属的名词、代词或词组 > 表示时间、处所的词 > 指示代词或数量词 > 动词或各类谓词短语、介词短语 > 形容词性短语 > 不用“的”的形容词和表性质的名词

例如：

① 他心里有　一种（数量词）　说不出来的（动词短语）　得意的（形容词）　感觉。

② 她昨天买了　一条（数量词）　颜色鲜艳的（主谓短语）　围巾。

③ 幼儿园时（时间词）　老师讲的（动词短语）　那些（指示代词）　精彩的（形容词）　故事我还记得很清楚。

需要注意的是数量定语的位置有时比较灵活，既可以放在前面，也可以放在后面。在考试中如遇到这类情况，只要答题无误都算作是正确的。例如：

① 他们克服了　一切（数量词）　遇到的（动词）　意想不到的（动词短语）　困难。

② 他们克服了　遇到的　意想不到的　一切　困难。

动词　动词短语　数量词

解题小贴士

1. 确定句子主干，即“主语＋谓语＋宾语”。
2. 确定其他词语是否可在句中充当定语；如果可以，再找出它们所修饰的中心语。

【例1】　最近　出现的　这是　一两年　新现象

首先确定句子的基本结构是“这是新现象”；“出现的”、“最近一两年”是修饰性词语，它们充当定语，分别从动词、时间上修饰中心语。而该句主语部分用了代词“这”，因此定语修饰的部分应该是宾语“新现象”。根据多项定语的排列顺序，该题正确的顺序是：

这是　最近一两年　出现的　新现象。

时间词　动词

【例2】　一个　优美的　是　环境　小区中间　花园

首先确定句子的基本结构是“小区中间是花园”；“一个”、“优美的”是修饰性词语，“环境”可与“优美的”构成“环境优美的”来修饰中心语“花园”。根据多项定语的排列顺序，该题正确的答案应该是：

小区中间是　一个　环境优美的　花园。

数量词　主谓短语

同步练习十六

第1-8题：完成句子。

1. 各方面的成长　主要责任　是　关心学生　教师的

____

2. 给太太　一束　他　玫瑰　鲜红的　买了

____

3. 心中　一把　每个人　都有　钥匙　快乐的

____

4. 唯一的　这是　问题　办法　解决

____

5. 老教师　丰富的　一位　她　经验　是

____

6. 已经　　工作环境的　　关于　　解决了　　改善　　问题

____

7. 改不掉的　　睡懒觉的　　她　　毛病　　是

____

8. 国家　　有着　　悠久　　中国是　　一个　　历史文化的

____

（二）题型测试重点二：状语

状语是一种修饰语，主要用来修饰谓语部分，常构成“状语 +（地）+ 动词/形容词”。

1. 状语的类别。

（1）限制性状语。从时间、处所、范围、对象、目的、程度等方面来说明中心语，主要由时间词、副词、形容词、介词短语充当。例如：

① 代表团今天上午到达北京。　　☆表示时间

② 学生们按照学校的要求参加 HSK 考试。　　☆表示依据

③ 她向我们挥了挥手。　　☆表示方向

④ 进入学校的陌生人一律要登记。　　☆表示范围

（2）描写性状语。主要是对动作或动作者行为时的情态加以修饰描写，通常由形容词（短语）或数量词充当。绝大多数描写性状语只能放在主语后，不能放在主语前。描写性状语可分为描写动作者的状语和描写动作的状语。

a. 描写动作的状语：对动作者动作的方式加以修饰描写，此类状语不能与主语构成意念上的主谓关系。例如：

① 表演结束后观众们热烈鼓掌。

② 火车渐渐走远了。

b. 描写动作者的状语：对动作者动作时的表情、姿态及心理活动加以描写，此类状语可以与主语构成意念上的主谓关系。因此这类状语一般都要用“地”，绝大多数只能在主语后。例如：

① 他神神秘秘地走了出去。

② 大家怀疑地看着他。

2. 状语的位置。

一般状语都只能放在主语后，少数状语只能放在主语前，有的状语既可以放在主语前，也可以放在主语后。

（1）只放在主语前的状语。主要是“关于”、“至于”等构成的介词短语。例如：

① 关于新设备的使用我们还得商量一下。

② 至于具体的日程我们还没安排好。

（2）只放在主语后的状语。主要是一般副词以及由介词“把”、“被”、“让”、“将”、“给”、“离”、

"替"等构成的介词短语。例如：

① 我只删除了那些垃圾文件。

② 妈妈再三叮嘱我在外地要照顾好自己。

③ 他每周都会给妈妈发邮件。

④ 卧室离厨房只有几步远。

⑤ 兄弟也不能替你孝顺父母。

(3) 可以放在主语前，也可以放在主语后的状语。主要有表示目的的状语（为、为了）、表示依据的状语（按照、根据、由、拿）、表示路线的状语（经过、通过）、表示对象的状语（对、对于）等。例如：

① 为了选举政府花费了大量的金钱。——政府为了选举花费了大量的金钱。

② 公司为协调工作开展了很多新业务。——为协调工作公司开展了很多新业务。

③ 他按照比赛规则取得了一等奖。——按照比赛规则他取得了一等奖。

④ 我经过再三考虑决定坚持到底。——经过再三考虑，我决定坚持到底。

⑤ 春节对中国人来说是很重要的节日。——对中国人来说春节是很重要的节日。

3. 多项状语的位置。

(1) 并列关系的多项状语。并列关系状语的顺序一般来讲比较自由，如果用"地"一般只在最后一项状语后用。例如：

① 老教授亲切诚恳地指出了这篇论文的不足。

② 这次要完全彻底地解决这个问题。

(2) 递加关系的多项状语。递加关系状语的排列是有一定的规律的，具体如下：

> 表示时间的状语 > 表示语气、关联、频率、范围等的状语 > 表示处所的状语 > 描写动作者的状语 > 表示空间、方向、路线的状语 > 表示目的、依据、对象的状语 > 描写动作的状语

例如：

① 她 开心地 大 笑起来。
描写动作者 描写动作

② 姑姑 激动地 紧紧 拉着我的手。
描写动作者 描写动作

③ 你 竟然 把这么重要的事情 忘了。
语气 对象

④ 工厂 以前 为了追求数量 忽视了产品质量。
时间 目的

⑤ 总裁 在合同上 很熟练地 签下了名字。
处所 描写动作

⑥ 他　　很神秘地　　冲我　　笑了笑。

描写动作者　　对象

解题小贴士

1. 确定句子主干，即“主语 + 谓语 + （宾语）”。
2. 确定其他词语是否可在句中充当状语，如果可以，再看是放在主语前、后哪个位置上。

【例 3】　房间　　妈妈　　打扫　　亲自　　总是

首先确定句子的基本结构是“妈妈打扫房间”。然后确定副词“总是”是用来修饰谓语动词的，“亲自”也不能修饰主语“妈妈”，所以可以确定“总是”和“亲自”是充当状语的，“总是”表示的是时间，“亲自”描写的是动作者。根据多项状语的排列顺序，该句的正确顺序应该是：

妈妈　　总是　　亲自　　打扫房间。

时间　　描写动作者

当然，这个句子也可以把“房间”作为主语：“房间总是妈妈亲自打扫。”

【例 4】　不停地　　他　　向我　　产品　　推销　　他的

首先确定句子的基本结构是“他推销产品”。“他的”充当定语修饰宾语中心语“产品”，即“他推销他的产品”。“不停地”、“向我”充当状语修饰谓语动词“推销”。“不停地”描写动作者，“向我”表示对象。根据多项状语的排列语序，正确的答案应该是：

他　　不停地　　向我　　推销他的产品。

描写动作者　　对象

同步练习十七

第 1-8 题：完成句子。

1. 到达　　总统　　安全　　已经　　北京　　昨天上午

____

2. 要去　　讨论一下　　跟总经理　　关于　　工资的问题　　我

____

3. 病毒　　传播　　很多　　通过　　是　　呼吸　　的

____

4. 介绍　　一遍遍地　　产品用途　　销售员　　为顾客

____

5. 好奇　　孩子　　问这问那　　地

____

6. 重复　　资源　　使用　　大部分　　都能

____

7. 分析　　给我们　　王教授　　系统　　这个问题　　了

____

8. 研究　　领导们　　了　　很多次　　反复

____

（三）题型测试重点三：补语

补语位于动词或形容词后，是起补充说明作用的成分。

数量补语。补充说明动词、形容词的数量情况的成分。基本结构“动词/形容词 +（了/过）+ 数量补语”。例如：

① 她减肥减了三公斤了。

② 李明拉了张东一把。

③ 他盼望了一整个寒假。

结果补语。补充说明动作结果的成分。基本结构“动词 + 结果补语 +（了/过）+（宾语）+（了）”。例如：

① 这篇故事他翻译成了英语。

② 你将会被公司派到国外工作。

程度补语。补充说明所达到的程度的成分。基本结构“动词/形容词 +（得）+ 程度补语”。例如：

① 这孩子调皮得没人能管。

② 分手后他痛苦得不能生活。

趋向补语。补充说明动作的趋向或事物发展的趋向。基本结构“动词 + 来/去”、“动词/形容词 + 上/下/进/出/过/回/过/起 + 来/去”。例如：

① 工作已经安排下来了。

② 农民希望生活水平尽快提高上去。

如果结果补语和趋向补语同时出现，其顺序应该是“动词 + 结果补语 + 趋向补语”。例如：

③ 老王累昏　过去　了。

结果　趋向

可能补语。在动词、形容词后，补充说明能不能、可以不可以的成分，叫可能补语。基本结构“动词/形容词 + 得/不 +……+（宾语）”。例如：

① 我们解决不了你的问题。

② 这么多的工作她一个人应付不了。

③ 硬币在这个地方花不出去。

解题小贴士

1. 确定主谓宾的基本句型。
2. 分析其他词语在句中是充当定语、状语还是补语。
3. 如果是充当补语，按照各类补语的基本格式，把充当补语的词语排列在句中合适的位置。

【例 5】 孩子 照顾 她一个人 这么多 不过来

首先找出句子中的主干词语“孩子”、“照顾”、“她一个人”，根据句意排列出正确的顺序应该是“她一个人照顾孩子”。“这么多”在句中充当定语，修饰“孩子”，即“这么多孩子”。“不过来”在句中充当补语，放在动词“照顾”后面构成可能补语“照顾不过来”。因此整个句子正确的顺序应该是：

她一个人照顾不过来这么多孩子。

【例 6】 突然 上次买丝绸的 李太太 想 那件事 起来

首先确定句子的主干“李太太想那件事”。“突然”放在谓语动词前充当状语“李太太突然想那件事”。“上次买丝绸的”充当定语修饰宾语中心语“李太太突然想上次买丝绸的那件事”。“起来”表示趋向，在句中可做谓语动词的补语“想起来”。因此整个句子正确的顺序应该是：

李太太突然想起来上次买丝绸的那件事。

同步练习十八

第 1-8 题：完成句子。

1. 想了许多办法　说服　我　也　不了　她

____

2. 皮鞋　四年　我　这双　穿了

____

3. 已经　下来　文件　那几个　下载　了

____

4. 杀得　彻底　这些　病毒　电脑　不够

____

5. 问得　直接　主持人　很

____

6. 很辛苦　排球队的　训练　姑娘们　得

____

7. 房间　　预订　　很难　　得到　　现在

____

8. 起来　　麻烦　　这种病　　治疗　　很

____

（四）题型测试重点四："把"字句

"把"字句是介词"把"及其宾语在句子中充当状语的动词谓语句。"把"字句的基本结构是"主语 + 把 + 宾语 + 动词 + 其他成分"。例如：

① 她把日程安排好了。

② 小张把发票丢了。

"把"字句结构比较清晰，只要按照其基本结构，就能够整理出正确的句子。不过，在整理句子的过程中，需要注意以下问题：

1. 主语和宾语的前后位置。一般在"把"字句中会出现两个名词，它们分别充当主语和宾语，那么正确判断主语和宾语是解题的一个关键。在"把"字句中，主语是谓语动词所示动作的发出者。例如：

① 解说员把名单读错了。　（"名单"是"解说员""读错"的）

"把"的宾语是谓语动词支配的对象、动作的处所、范围或受事。例如：

① 她把戒指拿走了。　（"戒指"是动作"拿"支配的对象）

② 我把客厅找了个遍也没找到。　（"客厅"是动作"找"的处所）

③ 工程师把附近的几栋楼检查了一遍。　（"几栋楼"是动作"检查"的范围）

④ 当时的情景把人们吓坏了。　（"人们"是动词"吓"的受事）

祈使句中常会省略主语。例如：

① 把嘉宾请到台上。

"把"的宾语同时还必须是特指的。这种特指可以是明指，也可能是暗指。"明指"是指在宾语前有"这"、"那"或定语等明显的标记；"暗指"是指没有这些标记，但是说话人想表达的是特定的，在一定的语境中，听话人也清楚说话人的所指。因为"把"字句的这一要求，宾语部分一定会有"定语 + 中心语"形式，即"主语 + 把 + 定语 + 中心语 + 动词 + 其他成分"。例如：

① 皇帝把他们做的新衣服穿上了。

② 他把公司的损失降低到最小。

2. 动词后面一定有其他成分，说明动作产生的结果或影响。"其他成分"是指"了"、"着"、动词重叠、动词的宾语和补语等。例如：

① 她把零钱花了。

② 我们把日用品带着。

③ 你把机器检查检查。

④ 把我们公司目前的情况告诉领导。

⑤ 把叉子递过来。

⑥ 把电池装上。

3. 否定副词、能愿动词或时间词要放在"把"的前面，即"主语 + 时间词/否定副词/能愿动词 + 把 + 宾语 + 其他成分"。如果时间词、否定副词、能愿动词同时出现，它们的顺序也按照以上的顺序排列。例如：

① 银行能把贷款给我们放出来吗？

② 你不能把个人的主观判断当作真理。

③ 老师昨天把我们批评了一顿。

④ 你上次不应该把身份公开了。

解题小贴士

1. 按照基本结构排列出句子的主干，注意判断哪个词是主语，哪个词是介词宾语。
2. 看宾语部分有没有定语。
3. 判断时间词、否定副词、能愿动词的位置。

【例 7】　删除　了　文件　电脑里的　他把

（选自《新汉语水平考试真题集 HSK（五级）》）

首先根据"把"字句的基本结构列出句子的主干"他把文件删除了"。其次可以判断出"电脑里的"是定语，应该放在"文件"前面。该题的答案是：

他把电脑里的文件删除了。

【例 8】　他们　不想　把　定在 7 月中旬　结婚的时间

首先根据"把"字句的基本结构列出句子的主干"他们把结婚的时间定在 7 月中旬"。其次根据"把"字句的要求，否定副词和能愿动词要放在"把"的前面。该题的答案是：

他们不想把结婚的时间定在 7 月中旬。

同步练习十九

第 1-8 题：完成句子。

1. 那么悲观　没必要　事情　把　想得

____

2. 放鞭炮的传统　不能　除夕　把　给改变

____

3. 受灾害地区的人民　我们　节省下来的钱　把　捐给

4. 开到了　家里　救护车　舅舅　把

5. 明信片　记得　寄出去　把　你

6. 再强调　我　把　刚才讲的重点　一遍

7. 试验品　当作　别　把　老鼠　再

8. 通讯行业里　他　资金　把　都投资到　去了

（五）题型测试重点五：“被”字句

“被”字句是介词“被”及其宾语充当状语来表示被动意义的动词谓语句。“被”字句的基本结构是“主语 + 被（叫/让）+ 宾语 + 动词 + 其他成分”。例如：

① 我的自行车被小偷偷走了。

② 车库被别人占了。

“被”字句与“把”字句的结构相似，但在“被”字句中动作的发出者是宾语，动作所涉及的对象是主语。

1. 主语和宾语的位置。“被”的宾语是动作的发出者，如果不强调动作的发出者，“被”的宾语可以省略。例如：

① 他被淋成了落汤鸡。

② 她的骨头没有被撞伤。

“被”的主语应该是特指的，并且不可以省略。“被”的主语一般是“定语 + 中心语”，因此“被”字句的结构可以是“定语 + 中心语 + 被 + 宾语 + 动词 + 其他成分”。例如：

① 新来的秘书被领导解雇了。

② 现代的年轻人被各种时尚的生活所吸引。

2. 其他成分一般是“了”、“过”、动词的宾语、补语等，放在句子末尾。例如：

① 那个花瓶被孩子打碎了。

② 明星也曾被人们看不起过。

③ 高速公路被挡住了。

④ 孩子被小狗吓哭了。

3. 否定副词和能愿动词要放在“被”的前面，不能放在动词前面，即“主语 + 否定副词/能愿动词

+ 被 + 宾语 + 其他成分”。例如：

① 骨头没有被车撞伤。

② 这件事幸亏没有被他知道。

另外，**口语中常用“让”、“叫”、“给”来替代“被”**。考生要注意判断这类句子。这类被动句后面一定要有宾语。例如：

① 我的摩托车叫弟弟借走了。

② 他新买的牛仔裤让车给划破了。

解题小贴士

1. 根据基本结构，找出句子的主干。
2. 将否定副词和能愿动词放在“被（叫/让）”的前面。
3. 如果有定语，分析一下定语所修饰的中心语是主语还是宾语。

【例9】 预订 3号桌 已经 了 被 别人

（选自《新汉语水平考试真题集 HSK（五级）》）

首先根据基本结构找出句子的主干“3号桌被别人预订了”。然后根据副词要放在“被”前面，将时间副词“已经”放在“被”前面。因此句子的顺序应该是：

3号桌已经被别人预订了。

【例10】 数据 谁 电脑里的 删除 给 了 被

首先根据基本结构找出句子的主干“数据被谁删除了”。“电脑里的”充当定语修饰主语“数据”：“电脑里的数据”；“给”放在动词前。因此句子的正确顺序应该是：

电脑里的数据被谁给删除了？

同步练习二十

第1-8题：完成句子。

1. 那个 深深地 他 吸引了 被 漂亮的姑娘

____

2. 导演 批评 有时候 演员 被 会

____

3. 申请 被 批准 没 这次

____

4. 取消　　太极拳课　　了　　这学期　　被

____

5. 推荐给　　了　　刚来的小伙子　　被　　那个　　业务经理

____

6. 吓坏了　　被　　那个胆小鬼　　他　　又

____

7. 他　　一个规模很大的　　被　　雇用了　　工厂

____

8. 了　　被　　我　　都　　搞糊涂

____

（六）题型测试重点六：比较句

比较句是对两种或两种以上的事物进行比较的句子。

1. **“比”字句**。用“比”表示比较的句子叫“比”字句。这种句子用介词“比”引进比较的对象，组成介词结构，放在谓语前充当状语，比较两个人或事物的性质、特点等。常见形式为“A 比 B ＋（更/还）＋形容词/动词词组 ＋（数量补语/程度补语）”，否定形式是“A 不比 B……”。例如：

① 我觉得滑冰比划船有意思。

② 什么动物的尾巴比兔子长？

③ 我们的假期比平时还忙。

④ 遵守纪律的人比违反的人多得多。

⑤ 这次讲座不比上次的好。

2. **“有”字句**。用“有/没有”表示比较的句子。“有”表示达到或估量；“没有”则表示 A 没有达到 B 的程度。常用形式为“A 有 B＋（这么/那么）＋形容词/动词词组”（肯定式），“A 没有 B＋（这么/那么）＋形容词/动词词组”（否定式）。肯定式多用于疑问或反问，否定式多用于陈述句。例如：

① 谁能有他这么孝顺啊？

② 他没有我们想的那么坚强。

③ 这次的工作任务没有上次的紧急。

3. **“像”字句**。用“像”表示比较的句子，表示 A 达到了 B 的标准或者 A 和 B 相似。常用形式为“A（不）像 B＋这么/那么＋形容词/动词词组”。例如：

① 我不像你那么讲究。

② 女儿像妈妈这么漂亮。

4. **“跟……一样”、“跟……不一样”句**。汉语中用“跟……一样”表示比较的结果相同，“跟……不一样”表示比较的结果不相同。介词结构“跟/和/同……”主要是在谓语前充当状语。“跟”和“一样”常成对使用，这个固定结构可以在句子中充当定语、状语或补语。常用形式为“A 跟 B ＋ 一样/不一样

+ 形容词/动词词组”、“A 跟 B + 名词 + 一样/不一样”。例如：

① 我的家庭情况跟他们的差不多都一样。

② 记忆中他的样子跟现在完全不一样。

③ 我有一个和他的一样的戒指。

④ 我跟你们一样想去国外旅游。

⑤ 这位解说员解说得跟专业人员一样。

解题小贴士

1. 根据句子中出现的比较句的关键词，来判断所给出的比较句的句式。
2. 根据这种句子结构整理出句子的正确顺序。

【例 11】　什么安慰的话　一个拥抱　比　都　温暖

（选自《新汉语水平考试真题集 HSK（五级）》）

从词语“比”可以判断出这是一个比较句。根据比字句的结构形式“A 比 B +（更/还）+ 形容词/动词词组”，构建出基本形式“什么安慰的话比一个拥抱温暖”或者“一个拥抱比什么安慰的话温暖”；再根据句意可判断应该是“一个拥抱比什么安慰的话温暖”，副词“都”放在形容词“温暖”前。因此该句正确的顺序应该是：

一个拥抱比什么安慰的话都温暖。

【例 12】　时髦　结婚后　他太太　没有　以前　那么

该题中“没有”一词没有合适搭配的宾语或谓语，还出现了两个时间词语“结婚后”、“以前”，因此可以判断是比较句。根据“A 没有 B +（这么/那么）+ 形容词/动词词组”，可以确定基本结构应该是“结婚后没有以前那么时髦”。“他太太”是句子的主语，放在最前面。所以该题正确的顺序应该是：

他太太结婚后没有以前那么时髦。

同步练习二十一

第 1-8 题：完成句子。

1. 理想　那么　没有　生活　美好

____

2. 节省　在外边吃　比　吃饭　在家里

____

3. 没有　现在的生活　过去　那么艰苦　了

____

4. 难找工作　　研究生　　不见得　　本科毕业生　　比

5. 还　　养宠物　　有些人　　比　　用心　　养孩子

6. 水平　　这次比赛的对手　　差不多　　冠军的　　跟

7. 地位　　国王　　不像　　王子的　　那么高

8. 高速公路上的　　并不比　　危险性　　普通公路上　　大

（七）题型测试重点七：强调句

1. 反问句表强调。反问句是表示强调的一种方法，特点是以否定的形式表示肯定的语气，以肯定的形式表示否定的语气。常见的格式有：

表3-1　强调句常见格式

格式	注意点	例句
不是……吗	1. 表示某情况与已知情况不符合。 2. “不是”一定要放在强调部分前面，“吗”放在句尾。	① 这瓶罐头不是过期了吗？ ② 不是你要跟我一起合作的吗？
没……吗	“没”要放在强调部分前面。	① 你没吃过北京烤鸭吗？ ② 礼拜天你没去俱乐部吗？
疑问代词“哪儿”、“谁”、“什么”、“怎么”表示反问语气	1. “哪儿”在这里不表示地点，不能放在谓语动词后边。 2. “哪儿”后边常有能愿动词“能”、“会”、“敢”等，句尾常有语气助词“啊”。	① 谁说豆腐不好吃？ ② 他慌张什么呀？ ③ 这么好的天哪儿能打雷啊？ ④ 怎么会造成这么严重的后果？

2. “连……也/都”。“连”引出要强调的部分（一般是极端的情况），放在被强调部分的前面，后边用“也/都”与之呼应。隐含有比较的意思，表示强调的对象尚且如此，其他的就更不用说了。例如：

① 连老人和孩子都参加了比赛。　　☆强调主语

② 她连想也没想就决定了。　　☆强调谓语动词

③ 她连回国的机票都买好了。　　☆强调前置宾语

3. “非……不行/不可”。这是一种紧缩复句，表示“如果不……，就不行”、“一定要……，才行”的意思。强调肯定，需要强调的部分放在“非”的后边，一般被强调的部分有谓语动词、名词等。例如：

① 我非猜出这个谜语不可。

② 这家公司非破产不可。

4. **双重否定**。汉语里常在一个句子中用两个否定词来表示肯定的意思。常见的有以下几种情况：

表 3-2　双重否定常见格式

常见格式	注意点	例句
没有……不	强调"所有的……都……"	① 我们家的孩子没有一个不孝顺的。 ② 我觉得南方没有一个地方风景不优美。
……没有不……（的）		① 我们班的同学没有不知道的。 ② 村子里的人没有不受到损失的。
不……不	强调"一定……"	① 他不会不征求你们的意见。 ② 这种情况不得不改变。

解题小贴士

1. 关键是要找出表示强调的标志性词语以及被强调的部分。
2. 强调句没有相对固定的句式结构，解题时可以按照以下的步骤：
   （1）先找出可能组合在一起的词语。
   （2）确定句子中起强调作用的词语和被强调的部分，在被强调的部分加上强调词语。
   （3）根据强调句不同的特点，整理出句子的正确顺序。

【例 13】　执行　　命令　　非　　领导的　　不可

首先找出可能组合在一起的词语，即"领导的命令"；"非"和"不可"，先组成"非……不可"格式；根据"非……不可"的使用要求，被强调部分的谓语动词"执行"放在"非"后边，即"非执行不可"。因此整个句子的正确顺序应该是：

领导的命令非执行不可。

"领导的命令"在句中充当"执行"的宾语，放在句首可起到一定的强调作用。但直接放在动词"执行"后也可以，因此该句的正确顺序也可以是：

非执行领导的命令不可。

【例 14】　不见得　　承担　　年纪　　重要的工作　　不能　　大了

首先，组合可能词语："年纪大了"、"承担重要的工作"；词语中含有两个否定词语"不见得"、"不能"；根据双重否定的意义，根据句意，可以整理出正确的顺序应该是：

年纪大了不见得不能承担重要的工作。

同步练习二十二

第 1-8 题：完成句子。

1. 这么　哪儿　重要的采访　不看　能

2. 没有　合理　的　分配　不

3. 逃避　得　解决　了　问题　吗

4. 国籍　中国　不是　你的　吗

5. 婚礼　没有　他们两个人　都　举办　连

6. 非　上班　领带　不可　系

7. 现在的年轻人　不穿　谁　啊　牛仔裤

8. 怎么会　安全的地方　地震　这么　发生

（八）题型测试重点八：无关联词的复句

汉语口语通常用语序来表示小句之间的语义联系，只要语义清楚、符合逻辑，一般不用关联词，而实际上小句之间隐含着一定的逻辑关系，这就是无关联词的复句。常见的有表示假设关系的和表示因果关系的。例如：

① 有困难找警察。= 要是有困难，就找警察。

② 不付款拿不到商品。= 如果不付款，就拿不到商品。

③ 不小心把护照丢了。= 因为不小心，把护照丢了。

④ 不小心把酱油放错了。= 因为不小心，把酱油放错了。

此类题型一般会存在两个谓语动词或形容词，所以要先确定有两个谓语动词或形容词，然后找出与谓语动词搭配的主语或宾语，根据逻辑关系排列这两个动词词组的前后顺序，就能得出正确的答案。

【例 15】　不解决　更　问题　尖锐　就　矛盾

该题中有两个词语可以充当谓语："不解决"、"尖锐"。可以跟"不解决"搭配的词语是"问题"，即“问题不解决”或“不解决问题”；可以跟“尖锐”搭配的词语是“矛盾”，即“矛盾尖锐”。“尖锐”是形容词，可以用“更”修饰，即“矛盾更尖锐”。根据两个词组的意思可以很容易地得出正确顺序：

问题不解决矛盾就更尖锐。

【例 16】 宣布　　损失　　不　　破产　　更大　　会

该题中有两个词语可以充当谓语：“宣布”、“更大”。“破产”可以充当“宣布”的宾语，即“宣布破产”；“损失”可以充当“更大”的主语，即“损失更大”。根据两个词组的意思，结合整个句子的意思，该句的正确顺序应该是：

不宣布破产损失会更大。

同步练习二十三

第 1-8 题：完成句子。

1. 放不下　　客厅　　这么多　　玩具　　太小

____

2. 别想　　戒指　　不买　　结婚　　就

____

3. 可以　　就　　注册　　了　　使用　　完

____

4. 签字　　一致　　可以　　意见　　就

____

5. 销售量　　提高　　宣传　　就会　　好　　得

____

6. 观察到　　幸运　　蝴蝶　　的话　　就可以

____

7. 别　　比赛　　激烈　　竞争　　放弃　　也

____

8. 接待　　主持宴会　　你不想　　就去　　嘉宾

____

（九）题型测试重点九：固定结构

1. 常见结构。

表 3-3　常见固定结构

常见格式	用法	例句
从 + 处所/方位名词/一般名词/名词短语 + 出发	表示动作的起点和考虑问题的依据。	① 考虑问题要从实际需要出发。 ② 我们要从全局出发处理这个问题。
到 + 时间/地点 + 为止	表示动作或事情发展的终点。	① 路标就画到学校门口为止。 ② 鞭炮放到正月十五为止。
以……为中心	表示"把……作为"事物的主要部分或"认为……是"事物的主要部分。	① 学校应以教学为中心。 ② 她的这次发言以中国的风俗习惯为中心。
为……而……	表示目的或动机。	① 全世界人民都在为早日实现世界和平而努力。 ② 工厂正在为扩大规模而努力。
由……组成	用来说明事物的构成部分、个体。	① 这本教材由四个部分组成。 ② 本季的流行趋势主要由三种基本颜色组成。
在……看来	用以介绍对所谈论的人或事物持的某种态度或看法的人。嵌入这一格式中的多是指人的名词或代词，在句中做插入成分。	① 在球迷看来这场比赛并不公平。 ② 在老板看来利润才是他们最终的追求目标。
要是……的话	表示假设，意思是"如果……"。	① 要是不具备条件的话就别去竞争。 ② 要是早知道会离婚的话就不用结婚了。
为 + 名词/名词短语 + 所 + 动词	表示被动，意思是"被 + 名词 + 动词"。	① 所有的老百姓都为他的这种精神所感动。 ② 这一点已为事实所证明。
应……（的）邀请	表示接受某人或某组织的要求。"应"后是表示邀请的人或者组织。	① 这些专家是应总裁的邀请来参加宴会的。 ② 嘉宾应主持人的邀请上台讲话。

2. 解题方法。

这些固定结构大都是介词结构，除了了解这些介词所搭配的词语外，还要确定介词后边的名词、代词。介词结构在句中一般充当状语，放在谓语动词前；"在……看来"一般放在句子的开头；"要是"放在句首，后面一般会有"就"搭配。

【例 17】　为　　很多人　　放弃　　追求自由　　而　　自我

首先确定在该题中固定搭配是"为……而……"；然后确定"为"什么，从两个动词的意义上来看，我们可以判断出是"为追求自由"；"而"后应该是动作行为"放弃自我"。该句的主语比较明确，是"很多人”，因此正确顺序应该是：

很多人为追求自由而放弃自我。

同步练习二十四

第 1-8 题：完成句子。

1. 申奥成功　都　全国人民　为　高兴　而

____

2. 由　这个小组　各方面的专家　是　组成的

____

3. 所感动　在场的　他的英雄行为　所有老百姓　都为

____

4. 到目前　我们已有　通过了质量检查　六种产品　为止

____

5. 家庭　她的生活　以　结婚后　为中心

____

6. 从自身的利益　各公司　考虑问题　都是　出发

____

7. 时刻想着人民　在　看来　好领导　老百姓　就是要

____

8. 邀请　推广这个项目　汉语办公室　他　应

____

应试速练六

第 91-98 题：完成句子。

91. 每个行业　有　自己的　规矩　都

____

92. 北京的　传统建筑　是　四合院　中国

____

93. 解决　问题　愤怒　不能　任何

____

94. 一个人　礼拜天　她　在家里　看电视剧

____

95. 人们　　比较爱吃的　　土豆　　是　　一种蔬菜

____

96. 到处　　花　　春天的　　都是　　田野里

____

97. 象棋　　书房里　　记得　　放到　　去　　把

____

98. 给这个地区　　造成了　　地震　　经济损失　　严重的

____

第二单元　书写第二部分

考试题型

【样题】　**第99-100题：写短文。**

99. 请结合下列词语（要全部使用），写一篇80字左右的短文。

元旦、放松、礼物、表演、善良

100. 请结合这张图片写一篇80字左右的短文。

（选自《新汉语水平考试大纲HSK五级》）

书写第二部分分为两种题型：一种是给出5个词语，要求用这5个词语写一篇80字左右的短文，主要考查在具体语境中运用词语的能力，以及组词成句、连句成篇的成段表达能力；另一种是给出一张图片，要求根据图片写一篇80字左右的短文，主要考查运用汉语进行思考并成段表达的能力。无论是第一种题型还是第二种题型，都需要考生注意观察生活，展开合理想象，进而运用掌握的词语组织语言，表达一个相对完整的意思，即有一个相对集中的主题。

解题技巧

（一）题型测试重点一：根据词语写短文

第一种题型要求考生不仅要认识题中提供的5个词语、理解它们的意思，而且要能在句子中、语段中正确运用。答题过程可分为3步：

1. 观察词语，理解词语。首先必须认识题中给出的5个词语，了解它们的意思及基本用法，并且熟悉一些常见的搭配。在此基础上，仔细观察5个词语，发现它们之间可能存在的某些关联。

2. 确定主题，用词造句。根据词语之间的某种关联，确定主题或话题（围绕一个话题或一件事情进行写作）；接下来分别用5个词语造句。注意：造句要围绕确定的主题或话题，即所造的句子要对连句成段"有用"。

3. 连句成段，剪叶修枝。把几个句子连成一段。句子都是围绕主题造的，所以句子本身的意思应该没有什么问题。但几个句子连成一段话就会有一个前后句子衔接是否自然、表达是否通顺合理的问题。因此，连成一段以后，应该通读一遍，看是否需要加入适当的过渡性成分，是否需要用某些代词替代重复出现的名词性词语，从而使前后连贯流畅，表达一个相对集中的主题。

【例1】 元旦、放松、礼物、表演、善良

首先，观察词语，理解词语。即了解5个词语的意思、常见搭配等。

词语	拼音	意思	常用词语搭配
元旦	yuándàn	New Year 新年的第一天	
放松	fàngsōng	relax 对事物的注意或控制由紧变松	思想放松/精神放松/工作放松/学习放松
礼物	lǐwù	gift 为了表示尊敬或庆贺而赠送的物品，泛指赠送的物品	送礼物/赠送礼物/生日礼物/新年礼物
表演	biǎoyǎn	perform；performance 戏剧、舞蹈、杂技等演出；做出示范性的动作	进行表演/正在表演/表演节目/表演京剧
善良	shànliáng	kind-hearted 纯洁正直，没有恶意	心地善良/善良的性格/善良的人们

其次，确定主题，用词造句。根据上面5个词语的意思，我们可以确定写作话题，即节日"元旦"。根据这个话题分别用5个词语造句。

元旦：元旦马上就要来了。

放松：我们都很高兴，因为终于可以放松一下了。

礼物：听说王老师给我们准备了礼物。

表演：我们准备表演一段相声。

善良：善良的王老师送给我们每个人一份礼物。

再次，连句成段，并适当调整修饰。将写出来的5个句子连接到一起，可适当调整顺序，必要的地方加上关联性词语，使文章内容连贯一致。短文如下：

元旦马上就要到了，我们都很高兴，因为终于可以放松一下了。为了庆祝元旦，学校要举办一个联欢会，我们准备表演一段相声。听说善良的王老师还为我们每个人准备了一份礼物。这个元旦一定会过得很快乐的。(94字)

【例 2】 周末、开张、免费、打算、好吃

首先，理解词语。

词语	拼音	意思	常用词语搭配
周末	zhōumò	weekend 一星期的最后时间	周末愉快/周末旅行/过周末
开张	kāizhāng	open the business; begin doing business 商店等设立后开始营业	择日开张/明日开张
免费	miǎnfèi	free of charge 不收费	酒水免费/免费游览
打算	dǎsuàn	plan 考虑、计划	打算吃饭/打算回家
好吃	hǎochī	delicious 吃起来舒服、满意	饺子好吃/好吃极了/觉得好吃/相当好吃

其次，用词造句。

周末：周末我和朋友们一起出去吃饭。

开张：听说学校附近有一家饭馆是刚开张的。

免费：酒水免费。

打算：我们打算去那里尝一尝。

好吃：这家饭馆的菜很好吃。

再次，连句成段。

周末我要和朋友们一起出去吃饭。听说学校附近有一家饭馆是最近刚开张的，酒水免费。我们打算去那里尝一尝。那家饭馆的环境不错，菜也做得很好吃，价钱也算公道。我们以后还会去那里吃饭。(87 字)

同步练习二十五

请结合下列词语（要全部使用，顺序不分先后），写 80 字左右的短文。

1. 适应、想念、饮食、愿望、孤独

2. 组织、采访、能干、实用、管理

3. 本来、承认、多亏、发现、损失

4. 春节、鞭炮、危险、环境、节省

5. 高档、发票、格外、上当、价格

6. 度过、风景、勤劳、离开、感激

7. 苗条、羡慕、健身房、过分、魅力

8. 交通、摩托车、面临、缺乏、危害

9. 地震、志愿者、祖国、帮助、共同

10. 乒乓球、轻视、亲自、滚、后悔

（二）题型测试重点二：议论类看图作文

第 100 题看图作文，要求根据图片提供的情节、条件、线索，用文字表述出图片中的内容以及所讲述的故事或蕴含的意义。看图作文，要掌握以下三点：细致观察、合理想象、巧妙构思。“细致观察”是对看图的要求，就是看图的时候要细致，不要领会错意思。“合理想象”是指看图要边看边想，想想图前图后的内容，图上没有画出来的情节，图上没有讲到的事情，都要通过合理的想象来完成。“巧妙构思”说的是看好图落笔成文的时候，怎样把心里想的表达出来，表达出来形成的短文要让读者读了和看图有一样的感受。每个人看图看到的内容是一样的，但想到的情节却可以不同，叙述出来的语言也可以不一样。

根据图片可能出现的类型，我们将该题型的短文分为议论类、叙述类、说明类进行讲解。

议论类看图作文。图片主要以公共场所出现的各种标志以及跟社会生活密切相关的主题为主，如禁止吸烟、禁止乱扔垃圾、禁止停车、大气污染、环境保护等。这类题可采用“三段式”：

1. 用一句话说明图片所表达的意思。
2. 分析图片内容：说明原因、描写现状、如何改进。
3. 概括总结。

【例 3】请结合这张图片写一篇 80 字左右的短文。

首先说明图片所要表达的意思：图片上的标志是禁止吸烟。

然后分析图片的内容：吸烟不仅会危害吸烟人自身的身体健康，还会威胁到周围的人。（说明原因）现在有些人在公共场所吸烟，给别人带来了很大的不便和困扰。（描写现状）因此大家应该自觉地维护公共道德。（如何改进）

最后，概括总结：不要在公共场所吸烟。

参考范文：

图片上的标志是禁止吸烟。吸烟不仅会危害吸烟人身体的健康，还会威胁到周围的人。现在有些人在公共场所吸烟，给别人带来了很大的不便和困扰。因此大家应该自觉地维护公共道德。(82 字)

【例 4】请结合这张图片写一篇 80 字左右的短文。

首先说明图片主要表达的意思：环境污染很严重。

然后分析图片的内容：很多工厂排放大量的烟雾，这是大气污染的重要原因之一。（污染的原因）人类已经意识到了环境污染的问题，可是很多地方为了获取经济利益而不顾对环境的污染。（环境污染的现状）我们不仅要发展经济，更要保护好环境。（如何保护环境）

参考范文：

目前环境污染十分严重。很多工厂排放大量烟雾，这是造成大气污染的主要原因之一。人类已经意识到环境污染的问题，可是很多地方为了获取经济利益而不顾对环境的污染。我们不仅要发展经济，更要保护环境。（94 字）

常见标志类图片

同步练习二十六

请结合图片写 80 字左右的短文。

1. 

2. 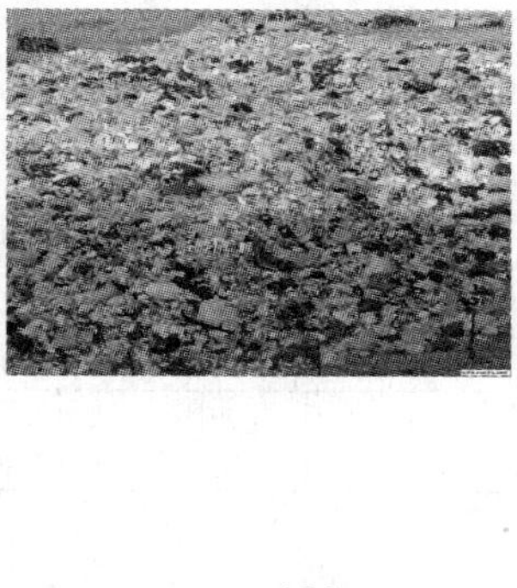

3. 

4. 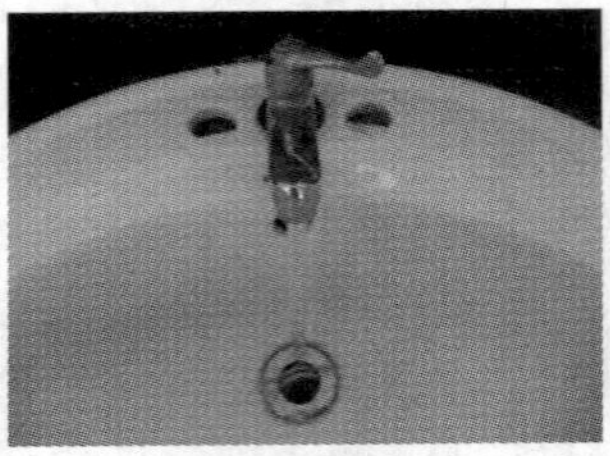

5. 

1.

2.

3.

4.

5.

（三）题型测试重点三：叙述类看图作文

叙述类看图作文，图的内容以生活、工作或者学习中的一个场景或者一个人物为主。这类题目首先要看清楚图，要抓住图中事情发生的地点、环境，人物的动作、表情等信息。根据图所给出的内容，联想出事情的前因后果，图内容发生的时间、地点、人物。

前因—— 图片内容——后果

|

（时间、地点、人物、事件）

【例 5】请结合这张图片写一篇 80 字左右的短文。

从图（图见下页）中可以看到的是：一个人在画图纸，图上有画板、画纸。这样可以写：她在画图。

结合图片进行联想处理：她是一位设计师，她刚刚接到一个工作任务。她想了想设计的方案，拿出图纸，开始画图了。经过反复修改，晚上她终于画好了设计图，明天她要拿着设计图去见老板，看老板有没有需要修改的地方。

【例 6】请结合这张图片写一篇 80 字左右的短文。

从图中可以看到的是：两个人、喝咖啡。我们可以写出：今天天气很好，下午我约了朋友去喝咖啡。

其他部分就需要我们自己去想象：我们已经很久没有见面了，因为大家都很忙。我的朋友是一名优秀的医生，平时找他看病的病人很多。我是一名公司职员，公司最近业务比较多。

同步练习二十七

请结合图片写 80 字左右的短文。

1. 

2. 

3. 

4. 

5. 

1.

2.

3.

4.

5.

（四）题型测试重点四：说明类看图作文

说明类看图作文，图片主要以常见动植物、名人、科技类产品等为主。写作内容主要是说明介绍：事物主要说明其用途及好处，动物主要说明其特征及生活习性，人物主要说明其身份地位及影响贡献。常见如下：

表 3-4

动物	大熊猫　宠物狗　宠物猫　鸽子　蝴蝶　老鼠　龙　蜜蜂　蛇　兔子
植物	竹子　棉花　小麦　玉米
事物	电脑　上网手机　水果　汽车　鞭炮　充电器　海鲜　烤鸭　扇子　太极拳
人物	李小龙　成龙　孔子

【例 7】请结合这张图片写一篇 80 字左右的短文。

首先对图片进行说明：这是中国的国宝——大熊猫。

然后说明其特征及生活习性：它长得圆圆的、胖胖的，身上的毛是白色的，耳朵和四肢是黑色的，眼睛周围还有一个黑黑的眼圈，像戴了一副墨镜，非常可爱。（特征）它主要在中国的西南地区生活，最喜欢吃的食物是竹子。（生活习性）

【例 8】请结合这张图片写一篇 80 字左右的短文。

首先指出图中所要说明的内容：烤鸭是北京的一道名菜。其次介绍其特征：看上去很好看，吃起来味道更美。吃烤鸭是有讲究的，首先用筷子把甜面酱抹在饼上，放几片烤鸭盖在上面，再放上几根葱条、黄瓜，最后将饼卷起来。最后进行总结：所以到北京你一定要品尝一下这道菜。

同步练习二十八

请结合图片写 80 字左右的短文。

1. 

2. 

3. 

4. 

5. 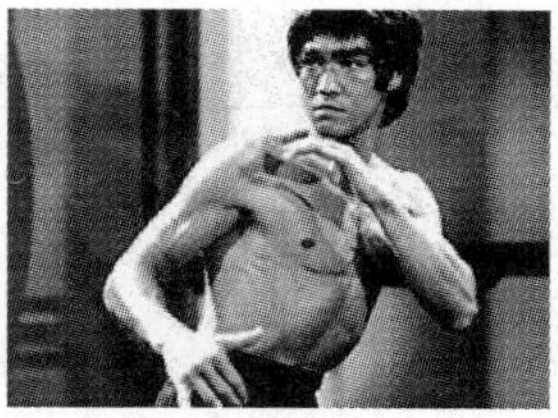

1.

2.

3.

4.

5.

（五）题型测试重点五：写作的基本格式、标点符号的使用

五级写作只要求写 80 字左右的小短文，不要求有题目。因此写作时一般只写一段就可以了，不用分段来写。在短文的写作过程中要注意：

1. 短文开头要空两格开始写。
2. 文中标点符号占一格。
3. 数字两个一格。

表 3-5　汉语中常用标点符号

符号	用法	例句
，逗号	用于句子内部的一般停顿，单句内、分句之间。	今天下午，我们去参观首都博物馆。 因为他没有准备好，所以对考试没有把握。
。句号	用于陈述句末尾。	我家住在江南一个美丽的小镇上。

续表

符号	用法	例句
？问号	用于疑问句末尾。	你考虑过应该如何选择职业的问题吗？
、顿号	用于句子内部并列词语之间。它表示的停顿比逗号短。	在开放的社会，追求权力、金钱、名誉的方法也极为开放。
！叹号	用于感叹句或祈使句末尾，表示强烈的语气。	这里的风景太美了！
；分号	用于复句内部并列小句之间。它表示的停顿比逗号长。	勤奋的人，为明天而努力；懒惰的人，只知道享受今天。
：冒号	用于提示性话语之后，提起下文。	学校规定：每周迟到三次，取消周三外出一次。
“ ”引号	用来标明文章中直接引用的话或有特殊含义的词语。	“你怎么这么早就回来了？”她担心地问。 星期天她还要做6个小时的“自定作业”。
…… 省略号	用来标明文章中省略的话。	他目送父亲走远，渐渐消失在黑夜中……

解题小贴士

1. 书写逗号和句号时一定要写清楚，不能只写一个点儿（.）。
2. 句中两个词语并列时，中间用顿号（、）；两个句子是并列关系时，中间用分号（；）。
3. 标点符号占一个空格（省略占两个空格，但不转行）。

同步练习二十九

一、给下列句子加上合适的标点符号。

1. 老人说________亲爱的孩子________你明白了吧________通向高楼的道路不止一条________走向成功也是如此________

2. 从前________有个父亲生了七个儿子________他们都很聪明懂事________

3. 对于房子您有什么特殊要求吗________

4. 一个衣着朴素的老人________无儿无女________身体又不好________虽然他有足够的钱________可他还是决定搬到养老院去________

5. 按照饮食特点分________中国主要有四大菜系________即川菜________鲁菜________淮菜和粤菜________

6. 国画________又称________中国画________是中国传统绘画________工具和材料有毛笔________墨________国画颜料________绢等________题材可分为人物________山水________花鸟等________

7. 不到最后一刻________千万别放弃________最后得到好东西________不是幸运________有时

候________必须有前面的苦心经营________才有后面的偶然相遇________

8. 快乐的人常说________我帮你________烦恼的人爱说________你帮我________

二、给下列短文加上合适的标点符号。

1. 盼望着________盼望着________东风来了________春天的脚步近了。

一切都像刚睡醒的样子________欣欣然张开了眼________山朗润起来了________水涨起来了________太阳的脸红起来了________

小草偷偷地从土里钻出来了________嫩嫩的________绿绿的________园子里________田野里________瞧去________一大片一大片满是的________坐着________躺着________打两个滚________踢几脚球________赛几趟跑________捉几回迷藏________风轻悄悄的________草软绵绵的________

2. 生活对于任何人都非易事________我们必须有坚忍不拔的精神________最要紧的________还是我们自己要有信心________我们必须相信________我们对每一件事情都具有天赋的才能________并且________无论付出任何代价________都要把这件事完成________当事情结束的时候________你要能问心无愧地说________我已经尽我所能了________

应试速练七

99. 请结合下列词语（要全部使用），写一篇 80 字左右的短文。

导演、精彩、采访、优秀、称赞

100. 请结合这张图片写一篇 80 字左右的短文。

99.

100.

新汉语水平考试

HSK（五级）

模拟题 2

注　　意

一、**HSK**（五级）分三部分：

1. 听力（45 题，约 30 分钟）

2. 阅读（45 题，45 分钟）

3. 书写（10 题，40 分钟）

二、听力结束后，有 5 分钟填写答题卡。

三、全部考试约 125 分钟（含考生填写个人信息时间 5 分钟）。

中国　北京　　　　　　　　　　××××/×××××× 编制

一、听力

第一部分

第1-20题：请选出正确答案。

1. **A** 他不用参加
   B 会议取消了
   C 他差点儿忘了
   D 他下午没有会议

2. **A** 手机坏了
   B 没带充电器
   C 手机没电了
   D 买了新手机

3. **A** 刚毕业
   B 要结婚
   C 没有对象
   D 为儿子发愁

4. **A** 没有进步
   B 合作很成功
   C 需要进一步谈判
   D 达成了一致意见

5. **A** 男的没有驾照
   B 女的刚拿到驾照
   C 高速公路上开车好玩儿
   D 高速公路上开车很危险

6. **A** 工作很忙
   B 压力很大
   C 一直想辞职
   D 研究生毕业了

7. **A** 找不到工作
   B 自己学历很高
   C 找工作很容易
   D 庆幸毕业比较早

8. **A** 导演
   B 明星
   C 主持人
   D 软件工程师

9. **A** 有人抢银行了
   B 做什么工作好
   C 警察没抓住小偷
   D 一个长得很帅的小偷

10. **A** 太有名
    B 整天做梦
    C 没有机会
    D 工作压力大

11. **A** 会计
    B 教师
    C 秘书
    D 导游

12. **A** 聪明
    B 肯下工夫
    C 学历很高
    D 既聪明又努力

13. **A** 男的要结婚
B 男的来参加婚礼
C 女的是他女朋友
D 他们认识时间不长

14. **A** 男的很累
B 女的不想做饭
C 他们自己做饭
D 女的想到餐厅去吃

15. **A** 赞成
B 反对
C 谨慎
D 坚决

16. **A** 他们很熟悉
B 他们见过面
C 他们是朋友
D 他们是恋人

17. **A** 硬件坏了
B 软件有问题
C 男的修好了
D 女的检查过了

18. **A** 实用
B 不结实
C 有用途
D 有装饰作用

19. **A** 骑车上班
B 开车的人太多
C 骑车不遵守规则
D 开车不遵守规则

20. **A** 测验
B 猜谜语
C 讲笑话
D 了解动物

第 二 部 分

第21-45题：请选出正确答案。

21. **A** 感冒了
B 变苗条了
C 打了好几针
D 病了好几个月

22. **A** 无奈
B 生气
C 安慰
D 发愁

23. **A** 眼睛瞎了
B 经常运动
C 爱好排球
D 对电视剧的字幕不满

24. **A** 孔子
B 中国哲学
C 中国历史
D 中国哲学家

25. **A** 女的买了条项链
B 男的想买条项链
C 小李买了套高档家具
D 女的买了套高档家具

26. **A** 男的看了比赛
B 女的不喜欢网球
C 李娜进入了决赛
D 他们对比赛结果很失望

27. **A** 没有钱
B 买了新电脑
C 文件被破坏了
D 电脑中病毒了

28. **A** 文化
B 历史
C 科技
D 神话

29. **A** 朋友
B 同学
C 父女
D 姐弟

30. **A** 很能干
B 正在实习
C 年纪不大
D 非常谦虚

31. **A** 经常约会
B 交际很广
C 找对象很难
D 不想谈恋爱

32. **A** 年轻人结婚早
B 离婚的人越来越少
C 电视上没有交友信息
D 有人通过网络找到朋友

33. **A** 有影响力
B 不喜欢睡觉
C 学习很努力
D 小时候不聪明

34. **A** 被抓住了
B 背了一篇文章
C 没有偷到东西
D 曾先生水平高

35. **A** 曾先生是科学家
B 小偷背出了文章
C 曾先生背出了文章
D 小偷是被曾先生吓跑的

36. **A** 吃饭
B 签合同
C 学钢琴
D 听音乐会

37. **A** 疯狂
B 愤怒
C 平静
D 遗憾

38. **A** 要重视消费
B 做事情要坚持
C 不要错失机会
D 要懂得珍惜现在

39. **A** 是子罕的
B 是宋国人的
C 是少见的珍宝
D 送给子罕的礼物

40. **A** 不好意思
B 觉得惭愧
C 不喜欢宝贝
D 更看重品格

41. **A** 物理
B 历史
C 游记
D 小说

42. **A** 改善生活
B 走遍世界
C 考察大自然
D 照顾好母亲

43. **A** 反对
B 支持
C 责备
D 不理解

44. **A** 鞋油中没有小颗粒
B 新皮鞋表面绝对光滑
C 皮鞋的光泽是因为本来光滑
D 皮鞋的光泽来自光线的反射

45. **A** 如何挑选鞋油
B 新旧皮鞋的不同
C 旧皮鞋如何变新
D 光线反射与皮鞋的光泽

二、阅读

第一部分

第46-60题：请选出正确答案。

46-48.

某球员要转会，转会前要进行文化考试。教练事先向主考官__46__招呼说："我们的球员文化水平有点儿差，题目不要太难了。"主考官__47__了。考试时，主考官看了球员一眼，问道："你说七乘七等于几？"球员思考了一会儿，说："我想是四十九。"主考官还没有说话，教练站了起来，诚恳地说："主考官，请您再给他一次__48__。"

46. **A** 打　　**B** 说　　**C** 劝　　**D** 嚷
47. **A** 解释　　**B** 拒绝　　**C** 答应　　**D** 推辞
48. **A** 提问　　**B** 机会　　**C** 询问　　**D** 回答

49-52.

在生活中，我们__49__着各种各样的选择，有时候也需要理智地__50__一些利益，只有这样做，才能着眼于长远的打算，让自己得到更多的好处。但非常__51__的是，很多人都坚持自己的选择，不懂得在必要的时候放手。放弃是一种艰难的选择，也是一种伟大的成长。这种选择和成长是我们面对人生时所必须具备的。一个心智成熟的人懂得什么时候选择坚持，什么时候选择放弃，__52__。

49. **A** 遇到　　**B** 面临　　**C** 寻找　　**D** 糊涂
50. **A** 争取　　**B** 放弃　　**C** 服从　　**D** 获得
51. **A** 遗憾　　**B** 糟糕　　**C** 好奇　　**D** 生气
52. **A** 坚持下来就是胜利　　**B** 放弃时千万别犹豫
    C 坚持就永远成功不了　　**D** 放弃会让我们变得更轻松

53-56.

我家的汽车曾经送去___53___了一段时间，让我感到吃惊的是，度过没有汽车的日子并不难，反而还令人非常___54___。平时我们走路更多了，乘坐公共汽车的机会也多了，___55___时叫一辆出租车，周末租一辆车出去旅游。孩子的独立性更强了，因为妈妈不再是他们的专职司机。想起来真有趣，我们曾经一直觉得汽车在生活中是不可或缺的，但现在很明显，___56___。

53. **A** 修　**B** 驾驶　**C** 交换　**D** 修改
54. **A** 愉快　**B** 难过　**C** 难忘　**D** 伤心
55. **A** 必须　**B** 必需　**C** 必然　**D** 必要
56. **A** 它对我们如此重要
B 它对我们完全没有用
C 它并不像我们原来想象的那么重要
D 它并不像我们原来想象的那么困难

57-60.

有个老太太坐在马路边望着不远处的一堵高墙，总觉得它马上就会倒，见有人向那边走过去，她就善意地___57___道："那堵墙要倒了，离远点儿走吧。"被提醒的人___58___地看着她，依然顺着墙根走过去了——那堵墙没有倒。老太太很生气："怎么不听我的话呢？"又有人走来，老太太又耐心___59___。三天过去了，许多人从墙边走过去，并没有什么危险。第四天，老太太感到有些奇怪，又有些失望，便走到墙根下仔细观看，然而就在此时，墙倒了，___60___，死了。这个故事告诉我们，提醒别人很容易，但要做到时刻提醒自己却很难。

57. **A** 提醒　**B** 评价　**C** 说服　**D** 赞美
58. **A** 疑问　**B** 真实　**C** 不解　**D** 专心
59. **A** 操心　**B** 沉默　**C** 传播　**D** 劝告
60. **A** 路过的人被砸在下面
B 没有人发现老太太
C 老太太被埋在灰尘中
D 老太太幸运地躲过了这场灾害

第二部分

第61-70题：请选出与试题内容一致的一项。

61. 一位城里人去农村旅游，看见一头牛，便问农民："这头牛为什么没有角?"农民回答说："牛没有角的原因有很多。有的生下来就没有，有的因为生病失去了，有的因为和别的牛打架弄掉了。而你说的这个家伙没有角，那是因为它是一头驴。"

A 去农村旅游要注意牛
B 农民手里牵着一头牛
C 牛一般没有角但驴有
D 这个城里人不认识牛

62. 现在大学生的生活比我们那时候丰富多了，他们不再只是在宿舍、食堂、教室和图书馆之间转圈子。除了学习之外，很多人积极参加一些社会实践活动，比如出去打工挣钱，经济条件好的甚至开公司当老板了。

A 以前的大学生开公司
B 现在的大学生很有钱
C 现在大学生生活空间窄
D 现在的大学生生活很丰富

63. 杭州菜属于浙江菜，是中国的八大菜系之一。杭州菜的特点是味道清淡，有点儿甜。凡是吃过地道的杭州菜的人，都说好吃，特别是东坡肉和西湖醋鱼这两道菜，最受大家欢迎。

A 杭州菜不地道
B 吃杭州菜得去杭州
C 只有两道杭州菜好吃
D 杭州菜很受人们欢迎

64. 秦始皇是中国历史上一位具有杰出贡献的皇帝，他建立了中国历史上第一个统一的多民族国家。他还统一了文字，规定了当时的标准字体，并在全国通用。文字的统一，促进了文化的交流。

A 秦始皇的统治引发了战争
B 文字统一促进了文化的交流
C 秦始皇所在的朝代经济繁荣
D 秦始皇是一位不突出的皇帝

65. 在现代生活中，每个人都不可避免地要接触到广告。广告的作用是非常明显的，它甚至能影响一个人的判断力。那些精明的商人说：一种商品能否成功地卖出去，和该种商品的质量、价格并没有多大关系，关键要在广告上下工夫，哪怕这种商品的价格很高，质量一般，也可能会得到消费者的认可。

A 没有人相信广告的作用
B 广告好商品会卖得非常好
C 有些人的爱好就是看广告
D 商人不会在广告上下工夫

66. 人不可能总是处在幸福的状态中，这种状态是不断变化的。人们在受到表扬时，会有愉快感，但是一会儿这种感觉可能就会消失。究竟如何才能获得更多的幸福感呢？坚持每天保持良好的心情或乐观的情绪，这将对生活产生更积极的影响，比你得到表扬或者暂时的幸福更为重要。

A 幸福感会一直存在
B 开心的感觉会持续很久
C 暂时的幸福感更为重要
D 乐观情绪容易使人有幸福感

67. 高校已经成为发展科学技术的重要基地，当代许多新的科学发现和新的科技发明是在高等院校的实验中首先创造出来的。发达国家的许多新出现的工业是围绕着高校建立起来的，教学、科研、生产联合体正在迅速发展，它有力地促进了经济的发展。

A 发达国家不重视发展
B 高校创造了许多新发明
C 科学研究不利于经济发展
D 教学、生产联合起来发展更快

68. 如果我们所从事的工作是我们不喜欢的，又实在不能够更换，那么，我们就假装喜欢它。这样，你在思想上就不再讨厌这份工作了，工作效率将会有显著的提高。等你做出一定的成绩后，你就会有自豪感，从而真正喜欢上这份工作。

A 不喜欢的工作就换
B 在工作中可以假装
C 不喜欢的工作做不出成绩
D 假装喜欢对工作有积极的影响

69. 广州是广东省省会，是重要的历史文化名城和华南经济中心。广州城始建于秦朝，三国时称为广州州治，这就是“广州”名称的开始。到了唐代，这里已经成为世界著名的商业港口，而宋代时广州就已经成为了中国最大的商业城市和通商口岸。

A 广州是中国的经济特区
B 广州在三国时开始修建
C 广州在宋代开始对外开放
D 广州是中国重要的历史文化名城

70. 一个小偷站在法院的被告席上，手插在自己的口袋里。法官看到这种情景，就对小偷说：“你要尊重法庭，把手从口袋里拿出来。”小偷回答：“我真不明白你们这些法官大人是怎么想的，我把手放在自己的口袋里，你们要我拿出来。我把手放在别人的口袋里，你们就说我违反法律。尊敬的法官先生，难道你要我把手一直举在空中吗？”

A 小偷发言要举着手
B 小偷很尊敬法官先生
C 小偷很配合法官的提问
D 法官认为小偷不尊重法庭

第 三 部 分

第 71-90 题：请选出正确答案。

71-74.

从前，有一位画家做梦都想画出一幅人人见了都喜欢的画儿。有一天，他画完一幅画儿，就拿到市场上去展出。画旁放了一支笔、一张纸，纸上写着：每一位欣赏这幅画儿的人，如果认为这幅画儿有不足之处，请在画儿中标记出来。

晚上，画家取回了画儿，发现整个画面都被涂满了，没有一笔一画不被批评。画家心里很不痛快，对这次尝试深感失望。

画家决定换一种方式去试试，他又画了同样的画儿拿到市场展出。可这一次，他要求每位欣赏这幅画儿的人把他们认为最为优美的地方画出来。当画家再取回画儿时，他发现画面又被涂满了，一切曾被批评的画笔，如今却都变成了赞美的标记。

画家非常感慨地说道："我现在发现一个秘密：我们无论做什么，能做到使一部分人满意就够了。因为在某些人看来很丑的东西，另一些人可能会觉得很美。"

71. 画家想画出一幅什么样的画儿？

A 可以展览　　**B** 商业价值高

C 任何人都肯定　　**D** 完美没有缺点

72. 画家第一次取回画儿后发现：

A 没有被批评　　**B** 批评满满的

C 自己成功了　　**D** 没人在上面画

73. 画家为什么又把画儿拿到市场展出？

A 想卖掉　　**B** 不想被批评

C 想获得不同的结果　　**D** 想知道更多的缺点

74. 画家最后明白了什么？

A 他的画很完美　　**B** 他画画儿水平不高

C 他能让任何人都满意　　**D** 无法做到让所有人都满意

75-78.

北宋时期有个著名的画家，叫文与可。无论是人物、动物，还是山水、花草，他都画得十分出色。

文与可特别爱画竹子。他家的院子前后，栽满了青翠的竹子。文与可每天都到竹林里，观察竹子在不同的时间、不同的气候下的变化，看得高兴时，就挥笔作画。转眼之间，他的笔下就出现了一根根生动传神的竹子。

一次，文与可把一幅刚完成的画儿放在书房的桌子上。画面上是几根新生的嫩竹，靠近竹根的地方，有几个刚出土的竹笋，生动极了。当他从外面回到书房时，发现那幅画儿不见了，一只猫正在抓着纸团玩。原来，那只猫把画上的竹子当成真的了。

有人问文与可画竹的秘诀，他回答说："我非常熟悉竹子，每当我要画竹子的时候，竹子的样子就在我心中出现了。我只不过是把竹子画到纸上罢了。"

后来，人们就用"胸有成竹"比喻做事之前有了周密的考虑。

75. 下面哪一项不是文与可善于画的？

A 人物　**B** 动物

C 植物　**D** 建筑

76. 关于文与可，可以知道：

A 是南宋时期的画家　**B** 他家院子里种了竹子

C 他家的竹子很神奇　**D** 他画的画儿能变成真的

77. 文与可画竹的秘诀是：

A 画得认真　**B** 画得专心

C 家里种了竹子　**D** 心中有竹子

78. "胸有成竹"这个成语告诉我们什么？

A 画画要养竹子　**B** 做事要认真

C 画画要有秘诀　**D** 做事前要仔细地思考

79-82.

有一个一无所长的年轻人，感到自己的生活毫无意义。于是，他就去拜访一位哲人，希望哲人能够给他的未来指明一条道路。

哲人问他："你为什么来找我呢？"

年轻人回答："我至今仍一无所有，请求你给我指一个方向，使我能够找到人生的价值。"

哲人摇了摇头，说："我感觉你和别人一样富有啊，因为每天时间老人也在你的'时间银行'里存下了86400秒的时间。"

年轻人苦苦地一笑，说："那有什么用呢？它们既不能被当作荣誉，也不能换成一顿美餐……"

哲人严肃地打断了他的话，问道："难道你不认为它们宝贵吗？那你不妨去问问一个刚刚耽误乘机的游客，一分钟值多少钱；你再去问一个刚刚死里逃生的'幸运儿'，一秒钟值多少钱；最后，你去问一个刚刚失去冠军奖杯的运动员，一毫秒值多少钱。"

听了哲人的话，年轻人惭愧地低下了头。

哲人继续说道："只要你明白了时间的宝贵，去发现一件自己想做的事情，那你就能找到那条路，懂得人生的价值。"

79. 年轻人为什么来找哲人？

A 没有目标　　**B** 没有方向感

C 希望活得更有价值　　**D** 认为时间老人不公平

80. 对于时间，那个年轻人：

A 感觉没有用　　**B** 非常地珍惜

C 可以当作荣誉　　**D** 可以换成一顿美餐

81. 谁不觉得时间宝贵？

A 这个年轻人　　**B** 错过飞机的人

C 差点儿死去的人　　**D** 没得到冠军的运动员

82. 年轻人为什么惭愧地低下了头？

A 没理解哲人的话　　**B** 生活不再无聊了

C 获得了很多的本领　　**D** 为浪费宝贵时间而后悔

83-86.

有一名建筑商，他坚信人不可以轻言放弃。他不仅如此坚信，而且时时都在行动中表现出来。正因为这样，他在事业上获得了成功。

当他想在建筑业找一份工作的时候，因为年轻，也没有什么工作经验，因此四处碰壁，根本找不到一份合适的工作。但是他从来都没有气馁过，他坚信自己能够在建筑业闯出一番天地来。

后来他见自己实在找不到一份合适的工作，便向朋友借了几千块钱，自己成立了一家小型建筑公司。当时经济不景气，本来就没有多少盖房子的人，再加上他没有这方面的经验，因此他的生意非常不好，几乎没有一个人愿意找他。但是他仍然信心满满，决定要干到底。就凭这份信念，他终于找到了几份小生意。

他找到的第一份生意是建造一栋公寓楼。因为没有实际操作经验，他不仅没赚到钱，还赔了不少。但是这次失败的经历并没有打倒他，他总结了失败的教训，在接下来的生意中把赔出去的钱弥补了回来。慢慢地，他的生意越做越大，终于成为了那个地区非常有名的建筑商。

这个例子告诉我们，生活中光有信念是不行的，只有把信念转化成了行动，它才能够发挥作用，帮助我们取得事业上的成功。

83. 找不到合适的工作，建筑商：

A 放弃了　　**B** 开始否定自己

C 要求自己进步　　**D** 仍相信自己会有成就

84. 建筑商的第一份工作是：

A 当老板　　**B** 寻找资金

C 没有找到　　**D** 给人打工

85. 建筑商的公寓楼生意怎么样？

A 赚了一大笔　　**B** 赔了很多钱

C 公司破产了　　**D** 不赚也不赔

86. 这篇文章主要谈什么？

A 有信念就能成功　　**B** 建筑业很有前途

C 建筑商怎么成功的　　**D** 信念和行动的重要性

87-90.

家庭是最深刻的一种人际关系，它是两个成年人合写的生命自传，是让他们最亲爱的孩子感受生活的幸福、体会生命的美丽、认识人与人之间关系的启蒙教材。

现代家庭中一个很大的问题是，父母可以为孩子付出生命，却不肯为孩子付出时间和心思。

不要把孩子随便送回老家，让老人或亲戚帮着带。要尽量想办法把孩子留在自己身边，最好能天天见到孩子。有实际困难，应该由家长去克服，不要让孩子来承受。

即使你和孩子生活在一起，也要注意，不要心里只装着工作和社交，仅仅拿出可怜的时间和精力分配给孩子。不要对孩子的需求不放在心上，要认真对待和孩子相处这回事儿，不要让孩子身处精致的房间，却成为精神上的“留守儿童”。

如果出于客观原因，必须要和孩子经常分离，也一定要想办法尽量减轻和降低孩子在感情上的失落，比如提前让孩子和爷爷奶奶或其他临时抚养人建立感情，分别的日子里经常给孩子打电话，多和孩子沟通，定期去看孩子，让孩子感受到父母时刻在关心着他，尽量减少孩子的失落感。

87. 家庭会教给孩子哪方面的知识？

A 善于思考　　**B** 珍惜生命

C 人与人相处　　**D** 性格要坚强

88. 关于现代家庭中存在的问题，正确的是：

A 父母经常陪孩子　　**B** 老人或亲戚带孩子

C 父母肯为孩子花心思　　**D** 家长积极想办法克服困难

89. 第四段中画线词语“留守儿童”是什么意思？

A 物质上很缺乏的儿童　　**B** 父母过分重视的儿童

C 孩子的需求得到了满足的儿童　　**D** 精神上得不到满足的儿童

90. 父母一定要和孩子分离时应该怎么做？

A 尽量少看孩子　　**B** 减少和孩子的沟通

C 减少对孩子感情上的投入　　**D** 让孩子先和临时抚养人建立感情

三、书写

第一部分

第 91-98 题：完成句子。

例如：发表　　这篇论文　　什么时候　　是　　的

这篇论文是什么时候发表的？

91. 大规模合作　　可促进　　整体发展　　不同行业间的　　经济的

92. 发生　　不能阻止　　目前　　人类　　地震的

93. 基础　　自然资源　　物质　　社会发展的　　是

94. 很丰富的　　含有　　营养　　成分　　蔬菜和水果

95. 刻苦学习的　　称赞　　她　　精神　　值得

96. 把　　请　　桌子上的　　递给我　　叉子

97. 高速公路的交通　　影响　　恶劣的天气　　受到了　　使

98. 股票的涨跌　　为了　　不要　　发愁　　再

第 二 部 分

第 99-100 题：写短文。

99. 请结合下列词语（要全部使用），写一篇 80 字左右的短文。

空闲、郊区、景色、通常、迷路

100. 请结合这张图片写一篇 80 字左右的短文。

听力材料

【模拟题 1 听力材料】

（音乐，30 秒，渐弱）

大家好！欢迎参加 HSK（五级）考试。
大家好！欢迎参加 HSK（五级）考试。
大家好！欢迎参加 HSK（五级）考试。

HSK（五级）听力考试分两部分，共 45 题。
请大家注意，听力考试现在开始。

第一部分

第 1 到 20 题，请选出正确答案。现在开始第 1 题：

1. 女：师傅，车库里还有停车位吗？
   男：进去向左拐的 D 区还有几个位置，你快开进去吧。
   问：女的准备做什么？

2. 男：明天有个重要会议，你检查一下会议室的设备，顺便安排一下摄影。
   女：摄影我已经安排好了，麦克风好像有点儿问题，估计是电池没电了。
   问：会议准备得怎么样？

3. 女：这个软件怎么用不了了？
   男：这个软件是付费的，试用期已经过了，你还想用的话得交钱。
   问：关于这个软件，可以知道什么？

4. 男：我这会儿想看看体育频道，现在有滑冰比赛。
   女：你去卧室看吧，我们都想看这部连续剧，今天最后一集。
   问：男的想做什么？

5. 女：我很喜欢这个设计师的方案，把客厅往后拉宽半米，卫生间可以小点儿。
   男：那好，我也觉得客厅使用率高，稍微大一点儿更好，那我们就按照这个方案装修吧。
   问：他们准备怎么装修？

6. 男：来，别客气，多喝点儿海鲜汤。
   女：不好意思，我对海鲜有点儿过敏。
   问：女的为什么不喝海鲜汤？

7. 女：我已经把钱打到你们的账户上了，为什么还没收到那批货？
男：春节期间运输公司人员少，今天刚刚给您发了货，估计后天能到。
问：根据对话，下面哪一项正确？

8. 男：怪不得首都体育馆好久没有排球比赛了，原来是在装修。
女：就是不装修我也不会花工夫看排球比赛。
问：女的主要是什么意思？

9. 女：小明，还不快来吃饭，菜要凉了。
男：算了，你就让他把这场决赛看完吧，他是球迷，看球赛他不会饿的。
问：关于小明，可以知道什么？

10. 男：我发现我们家的菜越来越清淡了，你放盐了吗？
女：吃清淡点儿好，很多专家都说吃得太咸不利于身体健康。
问：男的觉得菜的味道怎么样？

11. 女：明天是这学期最后一次物理测验，你准备好了吗？
男：物理对我来说太难了，我也没好好儿学，真怕不及格。
问：关于男的，可以知道什么？

12. 男：听说王经理辞职了。
女：他业务能力这么强，这个公司待遇不怎么样，又没什么前途，我如果是他也会走的。
问：女的主要是什么意思？

13. 女：不好意思，我没带够现金，能刷信用卡吗？
男：当然可以，您请跟我到那边柜台去结账。
问：女的用什么结账？

14. 男：小美，你今天穿得真漂亮！
女：是啊，一个朋友结婚，请我做嘉宾主持。
问：女的要去做什么？

15. 女：老张，怎么现在有时间到公园里来健身啊？
男：我礼拜一刚刚办了退休手续，以后你可以常常在这儿见到我了。
问：关于男的，可以知道什么？

16. 男：小雪，你真了不起，第一次主持节目就受到了导演的赞扬。
女：这还得谢谢你向他推荐了我。
问：男的是什么态度？

17. 女：我肚子疼，好像有点儿消化不良。
男：我觉得你是晚上吃得太辣了，吃得太辣会伤胃，快吃点儿药吧。
问：女的怎么了？

18. 男：今天已经四月十五号了，你的毕业论文什么时候可以交？
女：下个月上旬应该可以。
问：女的打算什么时候交论文？

19. 女：您有零钱吗？我这会儿找不开。
男：您等一下，我看看我的钱包里有没有。
问：女的最可能是做什么的？

20. 女：那天李奶奶心脏病突然加重，她儿子叫了救护车，结果还是晚了，第二天就去世了。
男：真遗憾，李奶奶是看着我们长大的。
问：关于李奶奶，下面哪种说法正确？

第二部分

第 21 到 45 题，请选出正确答案。现在开始第 21 题：

21. 女：大夫，您看看我的检查报告，问题还大吗？
男：看起来你手术后恢复得不错，没什么大问题了。
女：那我现在可以像以前那样运动了吗？
男：这个暂时还不行，别着急，不过少量的运动是可以的。
问：关于女的，可以知道什么？

22. 男：国庆节放假你去哪儿了？
女：和家人开车去郊区体验了一下农民的生活。
男：都做什么了？
女：和他们一起收小麦，吃他们做的农家饭，还在河里划船了。
问：女的放假期间没有做什么？

23. 女：我这电脑怎么没反应了？你快帮我看看。
男：好像是有病毒，有杀毒软件吗？
女：有，是我半年前注册下载的。
男：这个软件不能用了，已经过期了，我给你装个新的吧。
问：关于这个软件，可以知道什么？

24. 男：你的牛仔裤好像破了。
女：这是故意弄的，今年穿这个可时髦了！
男：这时髦？这好看？没觉得。
女：你看你，跟不上时代的变化了吧！
问：关于这条牛仔裤，可以知道什么？

25. 女：公司今年的外贸生意怎么样？
男：不太好，今年全球经济情况都不太好，影响了老百姓的消费。
女：那公司打算怎么办呢？
男：要进行新产品的开发，根据市场需求，改变公司发展的方向。
问：关于这个公司，下面哪种说法不对？

26. 男：怎么夜里加油站排队排那么长？
女：网上说汽油又要涨价了。以后还是少开车的好，快开不起车了。
男：你不是在考驾照吗？
女：那是工作需要，我自己还没打算买车。
问：关于女的，可以知道什么？

27. 女：您好！请问您办理什么业务？
男：我要寄一张明信片和一个包裹去沈阳。
女：您包裹里是什么？
男：是一副手套、一条围巾和一床被子。
问：这段对话发生在哪儿？

28. 男：您好！这是我的名片，今天到公司来是想见一下李总裁。
女：您之前跟他约好了吗？他去参加一个工作宴会，正好不在公司。
男：我跟他约好了，是我提前半个小时到了，我在这里等一会儿吧。
女：那好，您请坐！
问：关于李总裁，可以知道什么？

29. 女：对不起，这个座位好像是我的。
男：不会啊，我应该没弄错，您的车票上怎么写的？
女：我的是 12 车厢靠窗的 6 号座位。
男：这是 11 车厢，12 车厢在后面。
问：女的座位在哪儿？

30. 男：你出国的手续办得怎么样了？
女：别提了，出国的签证手续比我想象的还要复杂。
男：那什么时候能办下来？
女：本来以为这个月底可以办下来，下个月初能走的，现在看来，下个月中旬能办下来就不错了。
问：女的最有可能什么时候出国？

第 31 到 32 题是根据下面一段话：

有一天，我和朋友在院子里散步，他每经过一扇门，总是随手把门关上。“你有必要把这些门关上吗？”我很好奇地问。

“哦，当然有这个必要。”他微笑着对我说，“我这一生都在关我身后的门。当你关门时，也将过去的一切留在后面，不管是美好的成就，还是让人后悔的错误，然后，你才可以重新开始。所以对我来说，关身后的门是必须做的事情。”

31. 朋友有个什么习惯？
32. 我对朋友的这个习惯是什么态度？

第 33 到 35 题是根据下面一段话：

西施是中国历史上的“四大美女”之一，可惜她的身体不好，常常胸口疼。有一次，她在河边洗完衣服回家，在回家的路上，突然感到胸口疼，她就用手捂住胸口。虽然她非常难受不舒服，但是见到她的人却都称赞她这样比平时更美。同村有位名叫东施的女孩儿，长得并不好看，她看到大家都夸奖西施用手捂住胸口的样子很美，于是也学着西施的样子用手捂着胸口在人们面前慢慢地走动，以为这样就有人夸她美。她本来长得就丑，再加上模仿西施的动作，这让人更加讨厌。有人看到之后，赶紧关上大门；有人则急忙拉着妻儿躲得远远的。他们比以前更加轻视东施了。

33. 关于西施，下面哪一项不正确？
34. 人们对东施的态度怎样？
35. 东施为什么学西施的样子？

第 36 到 38 题是根据下面一段话：

生活中充满了浪费时间的事情。

比如，与朋友在网络上聊天，有时一边工作一边随便聊着，到下班的时候才发现本来今天可以完成更多的任务。

手机短信也是个偷时间的东西。短信虽然是一种很方便的联系方式，但很多时候你会发现打个电话几分钟就能解决的事情发短信可能要用半个多小时。所以如果你与对方必须回复三次以上才能说明白的事情，那就应该考虑直接打电话。

电视可能是我们所有人生活中最浪费时间的东西。我们常常花一两个小时在客厅的电视前坐着不停地换频道，可到最后也不知道自己到底想看什么节目，究竟看了什么节目。

36. 他认为最浪费时间的事情是什么？

37. 他认为怎样看电视浪费时间？

38. 为什么说手机短信是偷时间的东西？

第 39 到 41 题是根据下面一段话：

有几个人得到一壶酒，不过如果几个人一起喝肯定不够，于是经过一番商量，其中一个人提议："这壶酒大家都喝肯定不够，咱们在地上比赛画蛇，谁先画好，谁就喝这壶酒。"有一个人最先把蛇画好了。他端起酒壶正要喝，却骄傲地左手拿着酒壶，右手继续画蛇，说："我能再给它添上几只脚！"可是没等他把脚画完，另一个人已把蛇画好了。那人把酒壶抢了过去，说："蛇本来是没有脚的，你怎么能给它添上脚呢？你画的不是蛇，所以这酒归我了！"说完，他就把壶中的酒喝了下去。

39. 几个人为什么要比赛画蛇？

40. 酒壶为什么被另一个人抢走了？

41. 这个故事告诉我们什么？

第 42 到 43 题是根据下面一段对话：

男：请问贵校艺术类专业今年在浙江计划招收多少人？

女：目前还没有确定下来。

男：我想报考贵校的动画设计专业，但我的英语不是很好，这个专业对英语的要求高吗？

女：艺术类专业对英语的要求相对低一些，但要达到国家划定的标准。

男：考动画设计专业是不是对美术基础要求很高？

女：当然，你在高考前必须先参加我们学校组织的艺术类考试，考试每年三月份举行。

男：必须到贵校现场考试吗？

女：不需要，我们会在全国设六个考点，离你最近的考点设在上海，你可以选择去上海参加考试。

42. 他们在谈论什么？

43. 女的可能是什么人？

第 44 到 45 题是根据下面一段话：

十年，我在这所学校一待就是十年，从本科到读完博士。应该说，我对学校的角角落落都熟悉得不能再熟悉了，早就没有了新鲜感，甚至偶尔还会有一种厌倦。可在这即将离开的瞬间才发现遗留在这里的感情远比其他的多。虽然现在还没有离开学校，可我却开始想念学校的花花草草，想念我的教室，想念我的宿舍，更想念我的老师和同学。

44. 关于他，可以知道什么？

45. 根据这段话，下面哪一项是正确的？

听力考试现在结束。

【听力部分听力材料】

第一单元　听力第一部分

【同步练习一】

第1-20题：请选出正确答案。现在开始第1题：

1. 男：大夫，我肩膀上的小红点儿又不疼又不痒，要怎么治疗？
   女：这应该是过敏引起的，最近别吃太辣的东西。
   问：男的怎么了？

2. 女：小马，你姥姥身体恢复得怎么样了？
   男：好多了，医生说下周就可以出院了。
   问：关于小马，可以知道什么？

3. 男：大夫，我有点儿消化不好，昨天我吃了三个鸡蛋，是不是吃太多了？
   女：是的，一天最多只能吃两个鸡蛋，虽然鸡蛋有营养，但也不能多吃。
   问：根据对话，可以知道什么？

4. 女：你怎么才来？我以为你早就到了。
   男：路上发生了交通意外，有点儿堵车，我从前面路口的拐弯处绕过来的。
   问：男的为什么来晚了？

5. 男：实在对不起，今天机器坏了，只能用现金结账。
   女：那好吧，多亏我带够了钱。
   问：关于女的，下面哪种说法正确？

6. 女：各位旅客，因特殊原因，本次航班要延迟降落，非常抱歉！
   男：糟糕，客户正在等我签一份合同呢。
   问：男的在哪儿？

7. 男：你有手机充电器吗？我手机没电了。
   女：我们俩的手机不是一个牌子的，你可能用不了。
   问：通过对话，可以知道什么？

8. 女：我电脑上的这个文件太大，从网上传给你很慢，我直接复制到光盘上吧。
   男：那更好，我去拿张光盘。
   问：关于这份文件，可以知道什么？

9. 男：我想确认一下，我什么时候能收到我买的鼠标？
   女：谢谢您购买我们的商品，我们已经发货，请您两天后查收。
   问：关于鼠标，可以知道什么？

10. 女：您觉得昨天看的房子怎么样？如果没问题，我们什么时候能签出租合同？
    男：那间公寓还行，就是客厅不大，我再考虑考虑。
    问：关于男的，可以知道什么？

11. 男：昨天看排球决赛了吗？谁赢了？
女：昨晚我加班没看成，早上看手机报上说是上海队赢了。
问：女的怎么知道比赛结果的？

12. 女：最近有部连续剧，讲的是50年代钢铁工人的生活，可火了，你看没？
男：那个故事情节不错，演员也很棒，是挺不错的。
问：关于这部连续剧，可以知道什么？

13. 男：您好！听说今天名牌商品有优惠活动。
女：对，这个活动时间有限，具体情况您可以去那边柜台问一下。
问：关于这个活动，可以知道什么？

14. 女：你把钱都用来投资股票，合适吗？会不会风险太大？
男：风险肯定是有的，但比存银行强，现在银行利息这么低。
问：男的觉得投资股票怎么样？

15. 男：如果按这个合同的话，这个项目困难到底在哪儿？
女：按这个合同签，我们的利润不高，而且现在也没有那么多资金投下去。
问：关于这个合同，可以知道什么？

16. 女：我每天去健身房减肥锻炼身体，怎么一点儿效果也没有？
男：你少吃点儿零食可比去健身房强。
问：男的对女的减肥怎么看？

17. 男：你今天想吃什么？平时都是你做，今天你点菜我来做。
女：那太好了，我想吃煎豆腐、炒黄瓜和骨头汤。
问：女的点了什么菜？

18. 女：听说了吗？最近公司人事上会有很大变化。
男：我只想干好我自己的事，不关心这些。
问：女的想谈论什么？

19. 男：小美，又去约会呢？
女：哪里！学校有个硕士研究生的考前辅导讲座，免费试听，我去听听，看值不值得报名参加。
问：小美要去做什么？

20. 女：这发票写个人还是写单位？
男：写单位，今天这顿饭是替公司招待客户的。
问：发票上写什么？

【同步练习二】

第1-15题：请选出正确答案。现在开始第1题：

1. 女：教练，这跑步机速度能慢一点儿吗？
男：太慢了，就达不到减肥的效果了，你坚持一下。
问：这段对话最有可能发生在哪儿？

2. 男：您这行李箱的东西报税了吗？这些得交税才能过关。
女：还没有呢，我去那边儿报一下。

问：这段对话最有可能发生在哪儿？

3. 女：服务员，这个菜里有辣椒吗？
男：有，不过如果您不吃辣，我们也可以做不辣的。
问：这段对话最有可能发生在哪儿？

4. 男：小姐，还有靠窗的桌子吗？
女：对不起，靠窗的桌子刚刚有人订了，您先这边儿请吧，一会儿有了我再给您换。
问：这段对话最有可能发生在哪儿？

5. 女：这里有山有水，空气新鲜，离城市不远，可风景却大不一样。
男：在城市里待久了真期待能经常来这样的地方。
问：他们最可能在哪儿？

6. 男：这个酒吧营业时间不是晚上 7 点到 12 点吗？怎么现在就有人了？
女：今天有公司的职员在这里聚会，全部包场了。
问：酒吧一般什么时候开门？

7. 女：你的论文什么时候能交给张教授？
男：我打算这个月中旬先把提纲交给他，下个月底全部完成。
问：男的写论文大概要花多长时间？

8. 男：你姑姑的婚礼不是放在元旦举行吗？这还有半个月呢，你就开始为自己准备服装了？
女：我是嘉宾，得正式一点儿，我的衣服都不适合参加婚礼。
问：现在可能是什么时候？

9. 女：这周末我们去看美术展览吧！
男：我礼拜六要加会儿班，礼拜天陪你去吧。
问：他们什么时候去看美术展？

10. 男：我们部门 12 月初提交的计划，这都快 2 月了，怎么还没批？
女：公司总裁正在详细研究，听说他很满意，这个月底应该没问题。
问：现在最有可能是什么时候？

11. 女：李总，跟您说一下您今天的日程安排。
男：好的，不过今天我有一个宴会要参加，下午的会先取消。
问：女的是做什么的？

12. 男：请问宇宙是什么时候形成的？
女：请同学们跟我来看这边的展览，我会详细讲解这个问题。
问：女的是做什么的？

13. 女：老大爷，您今年的粮食卖得怎么样？
男：今年国家有好的政策，我家的粮食卖了个好价钱。
问：男的是做什么的？

14. 男：观众朋友们，下面我们以热烈的掌声欢迎今天的明星嘉宾王非。
女：大家好，很荣幸今天能来参加这个节目。

问：男的是做什么工作的？

15. 女：同学你好，请问你们是学校派来推广“地球一小时”活动的吗？
男：不是，我们都是自己来的。
问：男的是做什么的？

【同步练习三】

第 1-15 题：请选出正确答案。现在开始第 1 题：

1. 男：大夫，我爱人的手术做得怎么样？
女：别紧张，手术进行得很顺利，没事了。
问：女的是什么语气？

2. 女：你居然把账户上所有的钱拿去投资股票，这风险也太大了。
男：我有内部消息，你就放心吧。
问：女的是什么态度？

3. 男：项目方案你们怎么还没做完？再不交我们就换别的公司了。
女：我又不是负责人，您去问我们领导吧。
问：女的是什么态度？

4. 女：老板，这个项目对我来说挺有挑战性的，我会尽力的。
男：非常好，我希望你能积极面对项目进行期间可能遇到的困难，我会让下面的员工配合你的工作。
问：男的是什么态度？

5. 男：昨天的射击比赛哪个队赢了？
女：北京队赢了，我们队就差一环，真可惜！
问：女的是什么语气？

6. 女：这个销售计划老板一定会很快同意的。
男：我觉得没这么容易，我们还是多征求一下各部门的意见吧。
问：男的是什么态度？

7. 男：小刘的英语真好，我还是英语系的，可是没有字幕的话我还是看不懂英文电影。
女：别灰心，你才一年级，小刘毕竟在国外待过一段时间。
问：男的是什么语气？

8. 女：小明，你再把玩具乱扔不收拾的话，我就不给你买了。
男：妈妈，我保证下次不会了。
问：女的是什么语气？

9. 男：听说小刘要当公司销售部的经理了。
女：他要是能当上领导，我看谁都可以当了。
问：女的是什么语气？

10. 女：你们有什么证据证明我偷税了？没有的话别耽误我做生意。
男：你还是老实说吧，免得浪费大家的时间。
问：女的是什么态度？

11. 男：这毕业论文我写了快两个月了，才写了个200字的提纲。
女：你可真够快的。
问：女的是什么语气？

12. 男：你放心吧，这次的投资我们准能赚钱。
女：我觉得你还是咨询清楚了比较好。
问：女的是什么态度？

13. 女：罪犯这么快就被警察抓住了，他们的办事效率真高。
男：可不是嘛，要不这罪犯还会伤害更多的人。
问：女的是什么态度？

14. 男：小雪，你真了不起，第一次主持节目就受到了导演的赞扬。
女：这还得谢谢你向他推荐了我。
问：男的是什么态度？

15. 女：小美都已经离开小强三年了，没想到小强对这段感情还抱有幻想。
男：我劝过他很多次了，现在对这件事情我无话可说。
问：男的是什么态度？

【应试速练一】

第1-20题：请选出正确答案。现在开始第1题：

1. 女：你今天怎么精神不好？是不是着凉了？
男：没有，我最近总睡不好，可能是工作压力太大了。
问：男的怎么了？

2. 男：这会儿行了，听得见了。
女：刚刚在电梯里，信号有点儿不好。你继续说吧，我听着。
问：他们最有可能在做什么？

3. 女：警察先生，实在对不起，我今天好像是忘带驾驶执照了。
男：那可不行，这个要罚款的，你再好好儿找找。
问：关于女的，可以知道什么？

4. 男：你搬进新房了吗？
女：还没有，新房还没装修呢，我现在还住在租的房子里。
问：女的现在怎么住？

5. 女：你一直这么咳嗽怎么行呢？快戒烟吧。
男：我正在努力呢，不过确实戒得挺辛苦的。
问：关于男的，可以知道什么？

6. 男：最近上火，嗓子疼。
女：你要多吃蔬菜，少吃辣椒，而且最好戒烟。
问：女的建议什么？

7. 女：恭喜你获得了射击比赛的冠军，并取得了个人最好成绩。能谈一下现在的感受吗？
男：我感谢我的教练，也谢谢大家对我的支持，我会继续努力的。

问：关于男的，可以知道什么？

8. 男：经过这么长时间的谈判，今天终于签下了这份合同。
女：是啊，我们也很高兴，希望合作愉快！
问：男的在做什么？

9. 女：谢谢节目组让我有机会见到了我最想念的班主任刘老师。
男：我们也谢谢您和刘老师能来参加我们这个节目。
问：男的可能是做什么的？

10. 男：现在也不是我们一家企业这样，行业的利润普遍都不高。
女：那咱们得抓紧进行新产品的开发，争取走在同行业的前面。
问：女的建议什么？

11. 女：新产品的宣传方案执行得怎么样？
男：效果还不错，现在报纸、电视台、车站灯箱都能看到我们的广告。
问：现在哪里还没有公司的广告？

12. 女：毕业后你找工作的标准是什么？
男：以前想着找跟自己专业有关的工作，现在想什么挣钱做什么，即使有很大压力。
问：男的现在找工作的标准是什么？

13. 男：我觉得老李的看法是对的，我们在生产中的确存在一些问题。
女：可不是嘛，特别是在产品生产的安全检查方面。
问：女的是什么态度？

14. 女：我听说小赵他们企业现在资金紧张，快要破产了。
男：是啊，最近经济情况不好，像小赵他们公司这样的出口企业经营得很困难。
问：关于小赵的公司，可以知道什么？

15. 男：今天去中心小学采访的任务取消了，不用加班了，下了班去酒吧喝点儿？
女：我看还是看场电影去吧。
问：男的可能是干什么的？

16. 女：星期天在家看电视，多没意思，我们去看京剧演出吧？
男：我对京剧没兴趣，干脆我们去吃烤鸭吧，我请客。
问：他们星期天准备做什么？

17. 男：你不是说元旦要去香港出差的吗？
女：客户改时间了，往后推了三天。
问：女的什么时候去香港？

18. 女：小朋友们，谁来帮老师收拾一下玩具啊？
男：老师，我来帮你收拾。
问：这段对话最有可能发生在哪儿？

19. 男：你说今年公司的新产品销售会怎样？
女：和老产品相比，我相信销售量肯定会上一个新的台阶。

问：女的是什么态度？

20. 女：你来看看这本军事杂志上的武器是什么年代的。
男：这个啊，应该是四五十年代的，我们早就不用了。
问：男的最有可能是做什么的？

第二单元 听力第二部分

【同步练习四】

第1-10题：请选出正确答案。现在开始第1题：

1. 男：请问您需要办理什么业务？
女：我来交手机费。
男：你得排队等一会儿，请先到那边取号。
女：50号，我前面人多吗？多的话我过一会儿再来。
男：不多，已经到45号了。您坐在那儿稍等一下。
问：女的要做什么？

2. 女：你的毕业论文发表了吗？
男：已经发给编辑了，不过编辑说有点儿长，要缩短点儿。
女：你的论文有多少字？
男：6000字。
女：是长了点儿，改成4000字比较合适。
问：关于这篇论文，可以知道什么？

3. 女：大夫，我的胃疼得厉害。
男：经常疼吗？最近吃了什么东西？
女：基本上没疼过，昨天吃了很多油炸的东西。
男：可能是消化不良，你先吃点儿这个药，观察观察，还疼的话再来。
女：好的，谢谢大夫。
问：关于女的，下面哪种说法正确？

4. 女：您好！我想应聘总裁秘书，这是我的简历。
男：我看看，不过我们总裁对秘书有个特别要求，就是能经常出差。
女：我现在还没什么家庭负担，应该可以。
男：看简历还不错，也有工作经验，简历我先收下，有消息我们通知您。
女：那好，谢谢您。
问：公司对总裁秘书的职位有什么特别要求？

5. 女：您好！请问几位？
男：一共五位，有两位半小时后到。
女：好，那我们晚一点儿上菜。您坐那边靠窗户的位子怎么样？
男：我们已经提前预订好了，订的是一个包间。
女：我去查一下，一会儿带您过去。
问：这段对话发生在什么地方？

6. 男：这会儿堵得可真厉害。
女：师傅，我有急事，您看能不能换条路线？

男：那我们走高速吧，不过那有点儿绕远了。
女：没关系，我赶时间。
问：男的可能是做什么的？

7. 女：我建议您国庆节后去海南，那个时候游客少，机票也便宜。
男：国庆节后去大概多少钱？
女：如果是三天两夜的话，比过节期间至少要便宜三分之一。
男；那好，我回去跟爱人商量一下。
女：这是我的名片，如果您决定了可以跟我联系。
问：男的打算做什么？

8. 女：我的驾照都拿了好久了，可还是不敢开。
男：你应该找人陪你上路练习练习。
女：我一看到来来往往的车，心里就紧张。
男：你真是个胆小鬼，下次你让我坐在你旁边。
女：好啊，顺便你再给我指导一下怎么停车。
问：关于女的，可以知道什么？

9. 男：你的电脑必须重新安装一下。
女：那电脑里面的资料怎么办？
男：我先给你备份一下。
女：那好，可千万别把里面的资料给弄丢了。
男：你就放心吧。
问：女的担心什么？

10. 女：这是我从上海带回来的特产。
男：谢谢你。你什么时候去上海了？
女：上个礼拜一，昨天刚回来。
男：是不是公司派你去参加一个展览会？
女：对啊，去做一些新产品的广告宣传。
问：女的去上海做什么了？

【同步练习五】
第 1-15 题：请选出正确答案。
第 1 到 3 题是根据下面一段话：

从前，有几个人得到了一壶酒。他们谁都想喝这壶酒，可是这壶酒只够一个人喝，给谁喝呢？半天决定不了。一个人说："这样吧，我们每个人都在地上画一条蛇。谁先画完，这壶酒就给谁喝。"大家都同意他的办法，于是就在地上画了起来。有一个人最先把蛇画好了，就左手拿起酒壶，右手又画了起来，还得意地说："我能够为它画上脚。"还没等他把脚画完，另一个人的蛇画好了，抢过他的酒壶，说："蛇本来就没有脚，你怎么可以为它画脚呢？"说完就把那壶酒喝完了。

1. 这几个人得到了什么东西？
2. 他们决定由谁来喝这壶酒？
3. 那个先画完蛇的人为什么没有喝到酒？

第 4 到 6 题是根据下面一段话：

父子俩住山上，每天都要赶牛车下山卖粮食。父亲较有经验，但眼神不好，山路弯道特别多，好在儿子眼神较好，总是在要转弯时提醒父亲："爸爸，转弯啦！"

有一次父亲因病没有下山，儿子一人驾车。到了弯道，牛怎么也不肯转弯，儿子用尽各种方法，下车又推又拉，牛一动不动。

到底是怎么回事？儿子想了半天。最后只有一个办法了，他左右看看，没发现有人，于是贴近牛的耳朵大声叫道："爸爸，转弯啦！"

牛听到了这句话马上就转了弯。

4. 父子俩每天下山做什么？
5. 那天为什么儿子一个人下山？
6. 儿子用什么办法让牛转弯？

第7到9题是根据下面一段话：

昨天星期日，天气非常好，不冷也不热。我和几个同学一起去长城，一直到天黑才回家。长城真伟大，据说有14600多里，所以被称为"万里长城"。关于长城还有很多传说和故事。我最感兴趣的是一个叫孟姜女的年轻姑娘为了寻找自己的丈夫把长城哭倒了800里的故事。这个故事让我们知道爱情的力量有多大！长城显示了中华民族的力量和智慧，是中华民族的象征。谈起长城，所有的中国人都感到非常骄傲和自豪。

7. 根据这段话，长城有多长？
8. 关于长城，下面哪一项不正确？
9. 孟姜女的故事让我们知道什么？

第10到12题是根据下面一段话：

有一对结婚50年的老夫妻，在大饭店庆祝他们的结婚纪念日。服务员开始上菜，当服务员把一盘鱼端上来时，丈夫忙将鱼头放到妻子碗里。没想到妻子却呜呜哭起来。客人非常吃惊。妻子说："我嫁给你这么多年，辛辛苦苦。现在日子好了，你还让我吃鱼头，其实我最不爱吃鱼头了。"丈夫一听，非常委屈地说："从你嫁给我的那天起，我就想一定好好对待你，把最好的东西留给你。一条鱼，我最喜欢吃的就是鱼头，这么多年来我一直把自己最喜爱的东西留给你。"可见，他们很相爱，但是缺少沟通。

10. 妻子为什么哭了？
11. 丈夫为什么把鱼头给妻子？
12. 关于这对夫妻，可以知道什么？

第13到15题是根据下面一段话：

有一次，司马光跟小伙伴们在后院里玩儿。院子里有一口大水缸，有个小孩儿爬到缸沿儿上玩儿，一不小心，掉进了缸里。缸里的水很深，眼看那孩子快要死了。别的孩子一见出了事儿，吓得边哭边喊，跑到外面向大人求救。司马光却很冷静，从地上搬起一块大石头，使劲儿向水缸扔过去。"砰"，水缸破了，缸里的水流了出来，小孩儿也得救了。小小的司马光遇事冷静，从小就像一个小大人。这就是流传至今的"司马光砸缸"的故事。这件偶然的事件使小司马光出了名，后来有人把这件事画成图画，广泛流传。

13. 孩子们在玩耍时发生了什么事情？
14. 司马光是怎么做的？
15. 这件事表现了司马光的什么性格？

【同步练习六】

第1-15题：请选出正确答案。

第1到3题是根据下面一段话：

《三国演义》是中国著名的四大古典小说之一。讲述的是东汉时期魏、蜀、吴三个国家之间的战争历史。《三国演义》中出现了许多有生命力的英雄人物，有的聪明智慧、足智多谋，有的谦虚谨慎、待人诚恳，还有的勇敢善战。《三国演义》中还描写了大大小小激烈的战争，其中很多战争故事都在民间流传。

《三国演义》也因为它巨大的影响力被多次拍成电视和电影，从而被中外更多的人所熟悉。

1. 文章提到的《三国演义》是什么？
2. 根据文章，下面哪项不是《三国演义》的内容？
3. 关于《三国演义》，下面哪一项正确？

第 4 到 6 题是根据下面一段话：

广西桂林是世界著名的风景游览城市，是许多爱好山水的人一定要去的理想之地。桂林的山很特别，一座座平地而起，各不相连，形状也不相同，有的像老人，有的像大象；桂林的水很清、很静，清得可以看见水底的石头，静得让人感觉不到它在流动。这样的山围绕着这样的水，这样的水映着这样的山，让人感觉好像是走进了画里。对于桂林山水的秀丽，人们也给出了最高的赞美——"桂林山水甲天下"。

4. 关于桂林，下面哪项正确？
5. 下面哪个词可以来形容桂林的水？
6. "桂林山水甲天下"主要是说的桂林的什么？

第 7 到 9 题是根据下面一段话：

在中国，春节放鞭炮这个习俗已有 2000 多年的历史了。最早的鞭炮是指燃烧竹子而发出的响声，因此也称"爆竹"。鞭炮最开始主要是为了吓跑危害人们的一种叫"年"的动物，因为它最害怕火光和响声，所以每到春节的除夕，人们便聚在一起燃放鞭炮。这样慢慢便形成了春节放鞭炮的习俗。在现代，人们已经将放鞭炮这种形式运用到各种庆祝活动中去。无论是过年过节，结婚升学，还是商店开张，只要为了表示高兴，人们都习惯用放鞭炮来庆祝。

7. 关于鞭炮，下面哪一项正确？
8. 放鞭炮为什么可以吓走"年"？
9. 一般什么时候不放鞭炮？

第 10 到 12 题是根据下面一段话：

泼水节是傣族最主要的节日，也是云南少数民族中影响面最大、参加人数最多的节日。泼水节是傣族的新年，相当于公历的四月中旬，一般持续 3 至 7 天。泼水节期间，各家各户都要先打扫卫生，准备好过年的食物用品。到了节日那天人们穿上民族服装，聚到一起，用清水互相泼洒。据说人们互相泼水，可以去除掉身上不好的运气，得到一个新的身体，迎接新的一年，同时也表达了人们间的互相祝福。傣族人把这一天视为最美好、最幸运的日子。

10. 傣族的新年是什么时候？
11. 泼水节期间，人们不需要做什么？
12. 关于泼水节，下面哪一项不正确？

第 13 到 15 题是根据下面一段话：

豆腐是一种绿色健康食品，在中国已有 2100 多年的历史，它经常出现在中国人的饭桌上，深受中国人的喜爱。豆腐的品种很多，具有风味独特、制作方法简单、食用方便的特点。随着中外文化交流的深入，豆腐不但走遍中国，而且走向了世界。它就像中国的茶叶、丝绸一样闻名世界。

13. 豆腐有多少年的历史了？
14. 下面哪一项不是豆腐的特点？
15. 这段话主要介绍了什么？

【同步练习七】

第 1-11 题：请选出正确答案。

第 1 到 2 题是根据下面一段话：

很多人喜欢在上下班路上戴着手机耳机听音乐，长期这样做必然会对耳朵造成伤害，使听力下降。

建议喜欢用耳机听音乐的人吃些药物补充剂，这些药物中的营养素能够在某种程度上帮助恢复对听力的损伤。也可以多吃些含有这类营养物质的食物，如鱼类、海产品、牛奶以及一些新鲜的苹果、橘子、西红柿等水果蔬菜。

1. 什么会对耳朵造成伤害？
2. 对听力有好处的食物中，下面哪一项没有提到？

第 3 到 4 题是根据下面一段话：

据科学家研究发现，当一些动植物离开群体之后，便会像人类一样感到孤独。孤独的时间达到一定的程度，便会患上“心理疾病”，心病很快又会转化为生理疾病。一些深海动物，每天都是在彼此的交流中生活的。它们几乎随时随地都要向两个或更多的伙伴发出信号，同时还要接收到对方的回复，这就是它们之间的互相诉说、相互沟通。

3. 根据这段话，下面哪项不正确？
4. 下列不会传递信号的是哪一项？

第 5 到 6 题是根据下面一段话：

研究资料显示，如果一个人静静地听雨打树叶的声音，或者专心地观看鱼在水里游泳的动作，就可以让心态变得平静，从而缓解精神上的压力。专家指出，只要人能把心融入到大自然中，安静地待上一阵子，就可以使心情放松。因此专家建议，要是在家里或办公室里养上一盆花或者几条鱼，对缓解压力能起到一定的效果。

5. 根据这段话，怎么做能使人的心态变得平和？
6. 这段文字主要讲的是什么？

第 7 到 8 题是根据下面一段话：

科学家最近发表论文说，人类的生物钟是 24 小时 18 分钟，与一天 24 小时的时间并不同步，也就是说人类的生物钟每天慢 18 分钟。而其他动物和植物的生物钟与 24 小时的差距更加明显，动物的生物钟是 23 小时到 26 小时，植物的生物钟是 22 小时到 28 小时。

7. 人类的生物钟是多少？
8. 与 24 小时差距最大的是什么？

第 9 到 11 题是根据下面一段话：

作为一个新的留学目的地国家，近年来，我国也受到了海外留学生的喜爱。2008 年，共有来自 189 个国家和地区的 22.3 万各类留学生来华求学，其中韩国、美国、日本名列前三位。2009 年，来华留学规模扩大，全年在华外国留学生人数接近 24 万人。2010 年全年在华外国留学生总人数首次超过 26 万人次。教育部有关负责人表示，今后进一步改善来华留学环境，注重规范管理，提高来华留学教育质量，争取到 2020 年全国当年外国留学生人员数量达到 50 万。

9. 2009 年，来华留学生的人数是多少？
10. 来华留学生中人数最多的是哪个国家的？
11. 教育部的措施不包括哪一项？

【应试速练二】

第 21-45 题：请选出正确答案。现在开始第 21 题：

21. 女：最近忙什么呢？总也看不到你。
男：家里装修呢，忙着买装修材料。
女：你又买房子了？
男：哪里，是我父母的房子，他们年纪大了，这事儿得靠我。
问：男的最近忙什么？

22. 男：国庆节你打算回家吗？
女：正好是妈妈的生日，想回去给妈妈过个生日，本来是不打算回的。
男：你买好票了吗？
女：好不容易才买到，开始找朋友帮忙，最后还是在网上预订上了。
问：关于女的，下列哪项正确？

23. 女：你好！我要退房，这是房间的钥匙。
男：您稍等，我让服务员收拾一下房间。
女：好的，我一会儿还有点儿事，能把行李先存放在前台吗？
男：行，您把行李放桌子旁吧，回来的时候记得取。
问：这段对话发生在哪儿？

24. 男：妈，我想先工作几年，再考虑继续读书。
女：出国读书的机会不是那么容易得到的，你考虑清楚了吗？
男：我觉得积累工作经验更重要，希望您能理解。
女：我尊重你的选择。
问：男的有什么打算？

25. 女：你怎么现在才给我打电话？
男：对不起，飞机晚点了，降落时已经 12 点了。
女：我的手机也快没电了，真担心跟你联系不上了。
男：别担心，我不是平安回来了吗？
问：关于男的可以知道什么？

26. 男：你好，这是我前天在这里买的鞋，但是鞋底儿已经断了。
女：我帮您看看。
男：我的鞋还在保修期内，能换一双吧？
女：行，按照公司的规定，一周内包换，我给您换吧。
问：男的鞋怎么了？

27. 男：你看起来好像瘦了。
女：我现在每天下班后都去健身中心。
男：看来效果不错。
女：那当然，那里有专业的教练给我制订运动计划。
问：关于女的可以知道什么？

28. 男：怎么了，小李？
女：我滑了一跤，从楼梯上摔下来了，我想我把背摔坏了。
男：试试站起来，我来帮你。
女：很疼，我恐怕站不起来。你还是把我送到医院去看看吧。
问：女的怎么了？

29. 女：你的手机看起来挺不错的，刚买的吗？
男：是啊，上网很快，拍照功能也不错。就是贵了点儿。
女：那当然，一分钱一分货。
男：你的也该换换了，你也买这个牌子吧，换个粉红色的更适合女孩子。
问：男的手机怎么样？

30. 女：今天怎么来得这么早？

男：今天车拿去修了，我坐地铁来的。

女：坐地铁比开车快，看来这路上挺堵的。

男：是啊，要不是为了送孩子上学，我宁愿天天坐地铁。

问：关于男的可以知道什么？

第 31 到 32 题是根据下面一段话：

有一个人晚上开着车，经过一个十字路口，这时黄灯已经转成了红灯，他心想反正没车，于是加速冲了过去，结果不巧被警察拦了下来，警察问他："你没看到红灯吗？""看到了啊！"他回答。"那你为什么还要闯红灯？"警察又问。他说："因为我没有看到你啊！"

31. 红灯亮了，他为什么冲了过去？
32. 关于这个司机，可以知道什么？

第 33 到 36 题是根据下面一段话：

男人和女人确实有很多不同，如果大家了解了这些不同，生活中就会减少很多麻烦。比如，在工作或生活中遇到困难的时候，女人往往去找人聊天。她要把心里的话说出来，她这时候需要的是一个听众。而男人遇到困难的时候则喜欢一个人待一会儿，他需要自己想出办法。这时候，女人最好什么都不要说，或者只给他倒一杯茶就够了。还有一点不同，那就是在语言的使用上。男人说话时一般会尽可能使用准确的词语，女人则不是。比如，女人有时候会说："你从来都不给我买项链。"男人听了可能会说："什么？结婚的时候不是给你买过吗？"其实女人那句话的意思是希望男人送给她一条项链，而有些男人可能并不明白这一点。

33. 了解了男人和女人的不同，对生活有什么帮助？
34. 男人遇到困难时会怎么做？
35. 根据这段话，男人在语言使用上有什么特点？
36. 这段话主要谈论什么？

第 37 到 39 题是根据下面一段话：

一个自认为很有才华的年轻人，一直得不到领导的重用，为此，他觉得很不甘心。有一天他去问上帝："命运为什么对我如此不公平？"上帝听了沉默不语，只是捡起一块不起眼的小石子儿，把它扔到了乱石堆中，然后说："你去找回我刚才扔掉的那个石子儿。"结果这个人翻遍了乱石堆，却一无所获。这个时候上帝取下了自己手上的那枚戒指，然后以同样的方式扔到了乱石堆中，说："你去找回我刚才扔掉的那枚戒指。"结果，这一次他很快就找到了那枚戒指——那枚金光闪闪的戒指。年轻人脸红了，他终于明白：不是领导不重用自己，而是自己还不够优秀。

37. 对于领导的不重视，这个人觉得怎样？
38. 上帝是怎么做的？
39. 年轻人明白了什么？

第 40 到 42 题是根据下面一段话：

少林武术是中华武术的一个重要组成部分，少林寺也是无数海内外人士关注的焦点。电影《新少林寺》是继李连杰主演的《少林寺》后推出的又一部讲述少林故事的电影。该片讲述的是在混战年代少林英雄救国救民的故事。以前喜欢打仗的少帅侯杰被自己的兄弟出卖，家破人亡，痛不欲生。在少林寺度过了最为痛苦的一段时间后，完全清醒，与少林寺化敌为友，加入少林寺，并且带领少林弟子在战火中保护灾民和少林寺。该片上映以来得到了广大观众朋友的喜爱。

40. 海内外人士关注的焦点是什么？
41.《新少林寺》讲的是什么故事？
42. 关于这部电影，哪一项是正确的？

第 43 到 45 题是根据下面一段话：

庄子在山中行走时，见到一棵枝叶繁茂的大树。伐木者就在这棵树的旁边，却对它视而不见，一点儿也没有要砍伐它的意思。庄子就问伐木者为什么，伐木者回答说：“这树我们用不上。”庄子点了点头，说：“这棵树没有用，所以能自然生长。”从山中出来以后，庄子住到一个朋友家里，朋友杀鸡来招待他。庄子问：“杀哪一只呢？”朋友回答说：“杀那只不会叫的。”第二天，庄子的学生问庄子：“那棵树因为没有用能自然生长，而那只鸡却因为没有用被杀死了。先生，如果是您，您怎么办呢？”庄子笑着说：“我会在有用和无用之间。就是说，好像是有用的，实际上不是；好像是无用的，实际上也不是。”

43. 根据这段话，可以知道什么？

44. 朋友杀了哪只鸡？

45. 根据庄子的观点，下面哪句话是正确的？

【模拟题 2 听力材料】

（音乐，30 秒，渐弱）

大家好！欢迎参加 HSK（五级）考试。
大家好！欢迎参加 HSK（五级）考试。
大家好！欢迎参加 HSK（五级）考试。

HSK（五级）听力考试分两部分，共 45 题。
请大家注意，听力考试现在开始。

第一部分

第 1 到 20 题，请选出正确答案。现在开始第 1 题：

1. 女：您下午两点有个会议，得准时去。
   男：幸亏你提醒我了。
   问：男的是什么意思？

2. 男：我的手机又没有电了。
   女：我也没带充电器，你干脆用我的手机打吧。
   问：男的怎么了？

3. 女：你最近好像总是精力不集中啊，发生什么事情了？
   男：儿子刚毕业就找了个对象要结婚，我正在为这事发愁呢。
   问：男的怎么了？

4. 男：关于两家公司合作的事情谈得怎么样了？有什么进展吗？
   女：比之前有所进步，他们肯定了我们的经营方式，不过在利润分配上两家的意见还不一致。
   问：关于这次合作，下列哪项正确？

5. 女：国庆节我打算一个人开车回老家。
   男：你不是刚拿的驾驶执照吗？在高速公路上开车可不是闹着玩儿的。
   问：根据对话，下列哪项正确？

6. 男：我真佩服你，工作期间还读完了研究生。
   女：我只是充分利用了业余时间，为了上学辞职的话，压力太大了。
   问：关于女的，可以知道什么？

7. 女：现在的社会形势，找工作真是困难！
   男：是啊，既要求名牌大学毕业，还要有实践经验，幸亏我们毕业早。
   问：男的主要是什么意思？

8. 男：现在什么行业比较赚钱？
   女：娱乐行业啊，你看那些导演、明星，还有节目主持人，他们一部电影或者一场演出就赚好多。
   问：对话中没有提到什么工作？

9\. 女：你们这么多人在这儿议论什么呢？
男：你看多英俊的一个小伙子，真没看出来是个小偷，让警察给抓住了。
问：他们正在议论什么？

10\. 男：这么有名的公司，我做梦都想去，小王，我真不明白，这么好的机会你犹豫什么？
女：做销售业务，压力太大了。
问：女的为什么不去这家公司？

11\. 女：下个月我的会计资格考试就要到了，可现在一个字还没看呢。
男：找个辅导老师吧，这样效率高。可你以前一直做的秘书工作啊。
问：女的以前是做什么的？

12\. 男：成功总是属于那些聪明的人。
女：我也赞成。但是还有一类人虽然不聪明，最终也取得了成功，这与他们平时刻苦勤奋有很大关系。李博士就是这类人。
问：李博士为什么能取得成功？

13\. 女：谢谢你的礼物，你来参加我的婚礼让我很意外。
男：过去的那些不愉快就让它过去吧，我们还是好朋友。你人生中最重要的时刻怎么能少了我的祝福呢？
问：通过对话，可以知道什么？

14\. 男：既然你累了，懒得做饭，咱们就到外边去吃吧！
女：外边饭馆炒的菜油大，还是自己亲手做的好吃。
问：根据对话，可以知道什么？

15\. 女：关于这套开发新产品的方案，领导看了以后有什么意见吗？
男：他没有什么问题，不过听说这次投资方很谨慎。
问：领导对他们的方案是什么态度？

16\. 男：我好像在哪儿见过你。对了，我们一起办的入学手续。
女：我也有印象。怪不得我觉得你很面熟呢！
问：根据对话，可以知道他们什么？

17\. 女：我的电脑到底哪里出毛病了？
男：我帮您检查过了，硬件没有问题，可能是软件安装上出了毛病。
问：女的电脑怎么了？

18\. 男：买这么个东西有什么用途啊？既不实用，也不结实。你上当了。
女：可是它好看啊，可以装饰一下我们的屋子。
问：关于这个东西，可以知道什么？

19\. 女：我还是愿意骑车上班，可以准时到单位。
男：不过骑车的人太多，有的人不遵守交通规则，也是造成道路拥挤的原因之一。
问：根据对话，造成交通拥挤的原因之一是什么？

20\. 男：刚才我说的那个谜语你猜到了吗？
女：是小蜜蜂吗？要不就是蝴蝶。都是有翅膀的，经常在花园里飞的小动物。

问：他们在做什么？

第二部分

第 21 到 45 题，请选出正确答案。现在开始第 21 题：

21. 女：连续打了好几个喷嚏，真是痛快！
男：在北方，春天这个季节，忽冷忽热，很容易生病。
女：是啊。我这次感冒持续了大概一个月，一到晚上就咳嗽，鼻子也不通，呼吸困难，睡不好觉。
男：那就注意多喝水。
女：记得，谢谢提醒。
问：关于女的，下列哪项正确？

22. 男：你怎么回来了？这个时间你应该在电影院啊。
女：别提了！电影 7 点开始，现在都 7 点半了，人还不知道在哪儿呢。
男：你男朋友没去呀？那他会不会是有什么特殊情况？
女：给他打电话他也不接。谁知道干什么呢！
问：女的是什么语气？

23. 女：现在电视剧的字幕都这么小，看着都快累死了。
男：是的。我女儿喜欢看排球比赛，尤其是中国女排的比赛，幸亏这种节目字幕少。
女：看来以后我也要少看这种节目了，否则眼睛要看瞎了。
男：你现在意识到这点也不晚，要少看电视多运动。
问：关于女的，可以知道什么？

24. 男：我到中国后才知道，中国的哲学有着这么悠久的历史。
女：是啊，大约三千多年前中国就有哲学了。孔子就是著名的哲学家。
男：我特别喜欢“知行观”这种思想，同意实践先于认识的观点。
女：我也是，这是中国古代哲学史上非常有代表性的观点之一。
问：他们正在谈论什么？

25. 女：我真羡慕小李！
男：怎么了？是不是她又买了什么漂亮的项链？
女：她现在已经不买项链了，她家买了一套高档家具。
男：怪不得呢！
问：根据对话可以知道什么？

26. 男：你早上看体育新闻了吗？昨晚的网球比赛李娜有没有进决赛？
女：早上的体育新闻我没看，不过我看了昨晚的现场直播。
男：真的？那结果到底怎么样啊？
女：整个过程打得很紧张，不过最后我们终于赢了。
问：根据对话可以知道什么？

27. 女：计算机病毒真是越来越厉害了，我刚一开机就死机了，还不知道文件有没有被破坏。
男：我提醒过你多少次了，让你用杀毒软件，你就是不听。
女：买套杀毒软件太贵了！
男：我说你呀，真是太傻了。这么贵的电脑你都买了，还差这点儿杀毒软件的钱啊？
问：关于女的，下列哪项正确？

28. 男：我最近看了一本关于中国古代神话传说的书，很有意思。
女：你都能看懂这么难的书了？
男：是的，不过有些故事我还是看不太明白。
女：这很正常，很多故事已经拍成了动画片，你可以看看。
问：男的最近看了哪方面的书？

29. 女：下个星期天爸爸过生日，你要是有事儿，提前跟爸爸说一声。
男：知道了姐，到时候我们一起回家给爸爸庆祝生日。
女：去年你突然要出差，今年可别再这样了。
男：这次万一有很紧急的事，我也会推辞的。
问：说话人是什么关系？

30. 男：小王在我们这儿实习有一段时间了，我想听听你对他的评价。
女：这个年轻人不错，采访稿写得很棒，是个人才。
男：有人反映小王喜欢夸口，说自己是"未来的名记"，不够谦虚。
女：毕竟年轻嘛，换个角度看，这也说明他很自信。
问：关于小王，下列哪项不正确？

第 31 到 32 题是根据下面一段对话：

男：小李，你给我介绍一下中国目前的婚姻恋爱情况，好吗？
女：好啊，可是你为什么对这方面的情况感兴趣呢？
男：我最近正在写一篇这方面的论文。
女：现在的年轻人工作越来越忙，交际空间越来越窄，认识的人仅限于自己的同事，所以找对象很困难。
男：针对这种新现象，有什么办法吗？
女：现在有很多婚姻介绍所，网上、电视上还有很多交友信息。不少年轻人通过这些方式认识自己的另一半。
男：那么婚姻方面呢？
女：现在结婚建立家庭的数量一直在提高，但同时离婚率也有所上升。

31. 年轻人的恋爱情况怎么样？
32. 根据对话，哪一项正确？

第 33 到 35 题是根据下面一段话：

曾先生是中国历史上最有影响力的政治和军事人物之一，然而据说他小时候并不聪明。有一天他在家读书，一篇文章重复不知道多少遍了，还在大声读，因为他还没有背下来。这时候他家来了一个小偷，藏在他的门后面，希望等他睡觉之后偷点儿东西。可是等啊等，就是不见他睡觉，还是一遍一遍地读那篇文章。小偷特别生气，跳出来说："这种水平读什么书？"然后将那文章背了一遍，扬长而去。

小偷是很聪明，但是他只能成为小偷，而曾先生却成了让很多人都佩服的人。

33. 关于曾先生，下列哪项不正确？
34. 那个小偷为什么生气？
35. 根据这段话，下面哪一项是正确的？

第 36 到 38 题是根据下面一段话：

有位企业家在生意场上取得了很大的成就。有一天他陪他父亲去一家高级餐厅用餐，现场有一位年轻的钢琴演奏家在为大家演奏，表演得非常精彩。这位企业家在欣赏时，想起了自己当年学钢琴的情景，那时候他对钢琴的喜爱几乎到了疯狂的程度。于是他对父亲说："如果我从前能坚持下来的话，现在在这儿演奏的人也许就是我。""是啊，孩子。"他父亲平静地回答，"不过那样的话，你现在也就不会有这样的成就了。"我们常常为失去的机会后悔，却往往不懂得为现在所拥有的成就鼓掌。

36. 企业家陪父亲去做什么？
37. 企业家对自己放弃钢琴感到怎样？
38. 这段话主要想告诉我们什么？

第 39 到 40 题是根据下面一段话：

宋国有一个人得到了一块美玉，把它献给了子罕，可是子罕没有接受。献玉的人说："我曾经把这块玉送给专家看，专家认为这是非常少见的珍宝，所以我才敢拿来献给您。"子罕说："我把不贪图财物这样一种品格看成珍宝，你把美玉看成珍宝。如果把美玉给了我，那么我们两个人就都将失去自己的珍宝。与其这样，不如我们各自拥有自己的珍宝。"

39. 关于这块美玉，下列哪项不正确？
40. 子罕为什么拒绝那个人？

第 41 到 43 题是根据下面一段话：

徐霞客是中国古代有名的旅行家、地理学家。他从小就热爱大自然，特别爱读地理和探险游记一类的书，不少内容他都能背下来。

十九岁那年，徐霞客想外出游览考察，实现他从小立下的志愿，走遍中国的山山水水，考察大自然。但他又担心母亲年纪大了，无人照顾，心中有点儿犹豫。母亲猜出了他的心思，就对他说："人常说，猪舍养不出千里马，花盆中养不下万年松。好男儿志在四方。孩子，别管我，你走吧！"

在母亲的支持下，他从太湖出发，翻过了五座大山。每到一个地方都把自己看到的或听到的记录下来，后来写出了《徐霞客游记》。这本书具有很高的参考和研究价值，在中国科学文化史上占有十分重要的地位。

41. 徐霞客喜欢读什么样的书？
42. 徐霞客的志愿是什么？
43. 母亲对徐霞客的做法是什么态度？

第 44 到 45 题是根据下面一段话：

皮鞋的表面原来就不是绝对的光滑，如果是旧皮鞋，它的表面当然更加不平，这样它就不能使光线在一定的方向上产生反射，所以看上去没有什么光泽。而鞋油中有一些小颗粒，擦鞋的时候这些小颗粒正好可以填入皮鞋表面的凹坑中。如果再用布擦一擦，让鞋油涂得更均匀一些，就会使皮鞋的表面变得光滑、平整，反射光线的能力也加强了。

44. 根据这段话，下面哪一项正确？
45. 这段话主要谈什么？

听力考试现在结束。

参考答案

【模拟题 1】

一、听力

第一部分

1. C	2. D	3. B	4. B	5. D	6. D	7. A	8. B	9. B	10. D
11. D	12. D	13. C	14. A	15. A	16. B	17. B	18. C	19. D	20. B

第二部分

21. C	22. D	23. D	24. D	25. A	26. A	27. D	28. B	29. B	30. D
31. C	32. C	33. C	34. D	35. D	36. A	37. C	38. C	39. B	40. C
41. D	42. D	43. C	44. A	45. B					

二、阅读

第一部分

46. C	47. B	48. C	49. C	50. D	51. B	52. D	53. C	54. A	55. C
56. A	57. B	58. B	59. B	60. D					

第二部分

61. A	62. B	63. B	64. A	65. D	66. C	67. C	68. D	69. D	70. A

第三部分

71. C	72. B	73. D	74. C	75. C	76. B	77. A	78. D	79. A	80. C
81. D	82. D	83. D	84. D	85. D	86. C	87. D	88. C	89. D	90. B

三、书写

第一部分

91. 我们要有勇气接受挑战。
92. 一定要把灾害的损失降到最低。
93. 新设备的优势被我们忽视了。
94. 应该趁年轻多体验社会生活。
95. 目前出口企业的经营规模比以前缩小了很多。
96. 新产品的推广方案由广告部执行。
97. 作为总裁，要负责公司的整体经营。/作为公司的总裁，要负责整体经营。
98. 我拿着论文提纲去征求教授的意见。

第二部分（略）

#【一　听力】

【同步练习一】

1. A	2. B	3. B	4. A	5. C	6. B	7. B	8. D	9. C	10. D
11. D	12. A	13. C	14. D	15. D	16. C	17. B	18. C	19. D	20. A

【同步练习二】

1. D	2. C	3. D	4. B	5. B	6. D	7. D	8. D	9. C	10. C
11. C	12. C	13. D	14. C	15. B					

【同步练习三】

1. A	2. C	3. D	4. B	5. C	6. D	7. C	8. B	9. D	10. D
11. B	12. D	13. D	14. B	15. C					

【应试速练一】

1. B	2. B	3. B	4. A	5. C	6. D	7. B	8. D	9. C	10. C
11. B	12. A	13. B	14. D	15. C	16. D	17. D	18. D	19. C	20. D

【同步练习四】

1. A	2. D	3. D	4. B	5. C	6. C	7. B	8. C	9. A	10. A

【同步练习五】

1. A	2. C	3. C	4. D	5. B	6. D	7. D	8. A	9. D	10. B
11. D	12. B	13. D	14. D	15. C					

【同步练习六】

1. A	2. D	3. A	4. D	5. B	6. D	7. B	8. C	9. D	10. B
11. C	12. B	13. C	14. A	15. B					

【同步练习七】

1. B	2. B	3. A	4. C	5. A	6. C	7. B	8. C	9. C	10. A
11. D									

【应试速练二】

21. D	22. D	23. A	24. C	25. B	26. A	27. D	28. D	29. C	30. C
31. B	32. C	33. A	34. C	35. A	36. D	37. C	38. D	39. C	40. B
41. D	42. A	43. D	44. B	45. D					

【二　阅读】

【同步练习八】

1. B　2. C　3. B　4. D　5. C　6. D　7. B　8. A　9. B　10. C
11. A　12. B　13. D　14. A　15. C　16. B　17. A　18. D　19. B　20. D

【同步练习九】

1. A　2. C　3. B　4. B　5. B　6. D　7. C　8. D　9. B　10. D
11. C　12. A　13. B　14. D　15. C　16. D　17. D　18. C　19. C　20. D

【同步练习十】

1. D　2. A　3. D　4. D　5. B　6. A　7. A　8. D　9. B　10. A
11. C　12. D　13. C　14. B　15. D　16. B　17. A　18. D　19. B　20. C
21. D　22. D

【同步练习十一】

1. B　2. A　3. A　4. C　5. A　6. B　7. A　8. B　9. C　10. C
11. D　12. B　13. D

【应试速练三】

46. D　47. A　48. C　49. B　50. B　51. D　52. D　53. A　54. C　55. D
56. B　57. C　58. D　59. C　60. B

【同步练习十二】

1. A　2. A　3. A　4. D　5. B　6. D　7. B　8. C　9. B　10. D

【应试速练四】

61. A　62. D　63. B　64. C　65. D　66. C　67. D　68. C　69. D　70. B

【同步练习十三】

1. A　2. C　3. D　4. D　5. A　6. B　7. C　8. B　9. C　10. D
11. A　12. A　13. B　14. D　15. C　16. D　17. D　18. D　19. D

【同步练习十四】

1. B　2. B　3. D　4. D　5. A　6. D　7. D　8. D　9. B　10. D
11. C　12. D　13. A　14. A　15. C　16. C　17. C　18. D　19. D

【同步练习十五】

1. D	2. D	3. C	4. D	5. C	6. A	7. A	8. C	9. D	10. A
11. D	12. A	13. D							

【应试速练五】

71. C	72. A	73. D	74. A	75. D	76. D	77. A	78. A	79. A	80. A
81. D	82. A	83. A	84. A	85. D	86. A	87. D	88. A	89. C	90. D

【三　书写】

【同步练习十六】

1. 教师的主要责任是关心学生各方面的成长。
2. 他买了一束鲜红的玫瑰给太太。/他给太太买了一束鲜红的玫瑰。
3. 每个人心中都有一把快乐的钥匙。
4. 这是解决问题唯一的办法。
5. 她是一位经验丰富的老教师。
6. 关于改善工作环境的问题已经解决了。
7. 她睡懒觉的毛病是改不掉的。
8. 中国是一个有着悠久历史文化的国家。

【同步练习十七】

1. 昨天上午总统已经安全到达北京。/总统昨天上午已经安全到达北京。
2. 我要去跟总经理讨论一下关于工资的问题。/关于工资的问题，我要去跟总经理讨论一下。
3. 很多病毒是通过呼吸传播的。
4. 销售员一遍遍地为顾客介绍产品用途。
5. 孩子好奇地问这问那。
6. 大部分资源都能重复使用。
7. 王教授给我们系统分析了这个问题。
8. 领导们反复研究了很多次。

【同步练习十八】

1. 我想了许多办法也说服不了她。
2. 这双皮鞋我穿了四年。
3. 那几个文件已经下载下来了。
4. 这些电脑病毒杀得不够彻底。
5. 主持人问得很直接。
6. 排球队的姑娘们训练得很辛苦。
7. 现在很难预订得到房间。
8. 这种病治疗起来很麻烦。

【同步练习十九】

1. 没必要把事情想得那么悲观。
2. 不能把除夕放鞭炮的传统给改变。
3. 我们把节省下来的钱捐给受灾地区的人民。
4. 舅舅把救护车开到了家里。
5. 你记得把明信片寄出去。
6. 我把刚才讲的重点再强调一遍。
7. 别再把老鼠当作试验品。
8. 他把资金都投资到通讯行业里去了。

【同步练习二十】

1. 他被那个漂亮的姑娘深深地吸引了。
2. 演员有时候会被导演批评。
3. 这次申请没被批准。
4. 这学期太极拳课被取消了。/太极拳课这学期被取消了。
5. 那个刚来的小伙子被推荐给了业务经理。/刚来的小伙子被推荐给了那个业务经理。
6. 那个胆小鬼又被他吓坏了。
7. 他被一个规模很大的工厂雇用了。
8. 我都被搞糊涂了。

【同步练习二十一】

1. 生活没有理想那么美好。
2. 在家里吃饭比在外面吃节省。
3. 现在的生活没有过去那么艰苦了。
4. 本科毕业生不见得比研究生难找工作。
5. 有些人养宠物比养孩子还用心。
6. 这次比赛的对手跟冠军的水平差不多。
7. 王子的地位不像国王那么高。
8. 高速公路上的危险性并不比普通公路上大。

【同步练习二十二】

1. 这么重要的采访哪儿能不看?
2. 分配没有不合理的。
3. 逃避解决得了问题吗?
4. 你的国籍不是中国吗?
5. 他们两个人连婚礼都没有举办。
6. 上班非系领带不可。
7. 现在的年轻人谁不穿牛仔裤啊?
8. 这么安全的地方怎么会发生地震?

【同步练习二十三】

1. 客厅太小放不下这么多玩具。
2. 不买戒指就别想结婚。
3. 注册完就可以使用了。/注册完了就可以使用。
4. 意见一致就可以签字。
5. 宣传得好销售量就会提高。/宣传得好就会提高销售量。
6. 幸运的话就可以观察到蝴蝶。
7. 竞争激烈也别放弃比赛。
8. 你不想主持宴会就去接待嘉宾。

【同步练习二十四】

1. 全国人民都为申奥成功而高兴。
2. 这个小组是由各方面的专家组成的。
3. 在场的所有老百姓都为他的英雄行为所感动。
4. 到目前为止，我们已有六种产品通过了质量检查。
5. 结婚后，她的生活以家庭为中心。
6. 各公司考虑问题都是从自身的利益出发。/各公司都是从自身的利益出发考虑问题。
7. 在老百姓看来，好领导就是要时刻想着人民。
8. 他应汉语办公室邀请推广这个项目。

【应试速练六】

91. 每个行业都有自己的规矩。
92. 北京的四合院是中国传统建筑。
93. 愤怒不能解决任何问题。
94. 礼拜天她一个人在家里看电视剧。
95. 土豆是人们比较爱吃的一种蔬菜。
96. 春天的田野里到处都是花。
97. 记得把象棋放到书房里去。
98. 地震给这个地区造成了严重的经济损失。

【模拟题 2】

一、听力

第一部分

1. C	2. C	3. D	4. C	5. B	6. D	7. D	8. D	9. D	10. D
11. C	12. B	13. B	14. C	15. A	16. B	17. B	18. D	19. C	20. B

第二部分

21. A　22. B　23. D　24. B　25. C　26. C　27. D　28. D　29. D　30. D
31. C　32. D　33. B　34. C　35. B　36. A　37. D　38. D　39. A　40. D
41. C　42. C　43. B　44. D　45. D

二、阅读

第一部分

46. A　47. C　48. B　49. B　50. B　51. A　52. D　53. A　54. A　55. D
56. C　57. A　58. C　59. D　60. C

第二部分

61. D　62. D　63. D　64. B　65. B　66. D　67. B　68. D　69. D　70. D

第三部分

71. C　72. B　73. D　74. D　75. D　76. B　77. D　78. D　79. C　80. A
81. A　82. D　83. D　84. A　85. B　86. D　87. C　88. B　89. D　90. D

三、书写

第一部分

91. 不同行业间的大规模合作可促进经济的整体发展。
92. 目前人类不能阻止地震的发生。
93. 自然资源是社会发展的物质基础。
94. 蔬菜和水果含有很丰富的营养成分。
95. 她刻苦学习的精神值得称赞。
96. 请把桌子上的叉子递给我。
97. 恶劣的天气使高速公路的交通受到了影响。
98. 不要再为了股票的涨跌发愁。

第二部分（略）

附　录

HSK（五级）考试要求及过程

一、HSK（五级）考试要求

1. 考试前，考生要通过《新汉语水平考试大纲 HSK 五级》等材料，了解考试形式，熟悉答题方式。
2. 参加考试时，考生需要带：身份证件、准考证、2B 铅笔、橡皮。

二、HSK（五级）考试过程

1. 考试开始时，主考宣布：

大家好！欢迎参加 HSK（五级）考试。

2. 主考提醒考生（可以用考生的母语及其他有效方式）：
（1）关闭手机。
（2）把准考证和身份证件放在桌子的右上方。
3. 之后，主考请监考发试卷。
4. 试卷发完后，主考向考生解释试卷封面上的注意内容（可以用考生的母语及其他有效方式）。

注　意

一、HSK（五级）分三部分：

1. 听力（45 题，约 30 分钟）

2. 阅读（45 题，45 分钟）

3. 书写（10 题，40 分钟）

二、听力结束后，有 5 分钟填写答题卡。

三、全部考试约 125 分钟（含考生填写个人信息时间 5 分钟）。

5. 之后，主考宣布：

现在请大家填写答题卡。

主考示意考生参考准考证（可以用考生的母语及其他有效方式），用铅笔填写答题卡上的姓名、国籍、序号、性别、考点、年龄、你是华裔吗、学习汉语的时间等信息。

姓名要求写证件上的姓名。

关于华裔考生的概念，可解释为：父母双方或一方是中国人的考生。

6. 之后，主考宣布：

现在开始听力考试。

7. 主考播放听力录音。

8. 听力考试结束后，主考宣布：

现在开始阅读考试。考试时间为 45 分钟。

9. 阅读考试还剩 5 分钟时，主考宣布：

阅读考试时间还有 5 分钟。

10. 阅读考试结束后，主考宣布：

现在开始书写考试。考试时间为 40 分钟。请直接把答案写在答题卡上。

主考提醒考生直接把答案写在答题卡上（可以用考生的母语及其他有效方式）。

11. 书写考试还剩 5 分钟时，主考宣布：

书写考试时间还有 5 分钟。

12. 书写考试结束后，主考宣布：

现在请把第 1 到 90 题的答案写在答题卡上，时间为 5 分钟。

主考提醒考生把答案写在答题卡上（可以用考生的母语及其他有效方式）。

13. 5 分钟后，主考请监考收回试卷和答题卡。

14. 主考清点试卷和答题卡后宣布：

考试现在结束。谢谢大家！再见。

HSK（五级）答题卡

新 汉 语 水 平 考 试
HSK（五级）答题卡

姓名	
序号	[0] [1] [2] [3] [4] [5] [6] [7] [8] [9] (×5)
年龄	[0] [1] [2] [3] [4] [5] [6] [7] [8] [9] (×2)
国籍	[0] [1] [2] [3] [4] [5] [6] [7] [8] [9] (×3)
性别	男 [1]　女 [2]
考点	[0] [1] [2] [3] [4] [5] [6] [7] [8] [9] (×3)

你是华裔吗？

是 [1]　不是 [2]

学习汉语的时间：

1年以下 [1]　1年—2年 [2]　2年—3年 [3]　3年—4年 [4]　4年以上 [5]

注意　请用 2B 铅笔这样写：▬

一、听力

1.–45. [A] [B] [C] [D]

二、阅读

46.–90. [A] [B] [C] [D]

三、书写

91. ______________________

92. ______________________

93. ______________________

94. ______________________

95.

96.

97.

98.

99.

100.

新汉语水平考试
HSK（五级）答题卡

姓名	
序号	[0] [1] [2] [3] [4] [5] [6] [7] [8] [9] [0] [1] [2] [3] [4] [5] [6] [7] [8] [9] [0] [1] [2] [3] [4] [5] [6] [7] [8] [9] [0] [1] [2] [3] [4] [5] [6] [7] [8] [9] [0] [1] [2] [3] [4] [5] [6] [7] [8] [9]
年龄	[0] [1] [2] [3] [4] [5] [6] [7] [8] [9] [0] [1] [2] [3] [4] [5] [6] [7] [8] [9]
国籍	[0] [1] [2] [3] [4] [5] [6] [7] [8] [9] [0] [1] [2] [3] [4] [5] [6] [7] [8] [9] [0] [1] [2] [3] [4] [5] [6] [7] [8] [9]
性别	男 [1] 女 [2]
考点	[0] [1] [2] [3] [4] [5] [6] [7] [8] [9] [0] [1] [2] [3] [4] [5] [6] [7] [8] [9] [0] [1] [2] [3] [4] [5] [6] [7] [8] [9]

你是华裔吗？

是 [1] 不是 [2]

学习汉语的时间：

1年以下 [1] 1年—2年 [2] 2年—3年 [3] 3年—4年 [4] 4年以上 [5]

注意 请用 2B 铅笔这样写：▬

一、听力

1. [A] [B] [C] [D]	6. [A] [B] [C] [D]	11. [A] [B] [C] [D]	16. [A] [B] [C] [D]	21. [A] [B] [C] [D]
2. [A] [B] [C] [D]	7. [A] [B] [C] [D]	12. [A] [B] [C] [D]	17. [A] [B] [C] [D]	22. [A] [B] [C] [D]
3. [A] [B] [C] [D]	8. [A] [B] [C] [D]	13. [A] [B] [C] [D]	18. [A] [B] [C] [D]	23. [A] [B] [C] [D]
4. [A] [B] [C] [D]	9. [A] [B] [C] [D]	14. [A] [B] [C] [D]	19. [A] [B] [C] [D]	24. [A] [B] [C] [D]
5. [A] [B] [C] [D]	10. [A] [B] [C] [D]	15. [A] [B] [C] [D]	20. [A] [B] [C] [D]	25. [A] [B] [C] [D]
26. [A] [B] [C] [D]	31. [A] [B] [C] [D]	36. [A] [B] [C] [D]	41. [A] [B] [C] [D]	
27. [A] [B] [C] [D]	32. [A] [B] [C] [D]	37. [A] [B] [C] [D]	42. [A] [B] [C] [D]	
28. [A] [B] [C] [D]	33. [A] [B] [C] [D]	38. [A] [B] [C] [D]	43. [A] [B] [C] [D]	
29. [A] [B] [C] [D]	34. [A] [B] [C] [D]	39. [A] [B] [C] [D]	44. [A] [B] [C] [D]	
30. [A] [B] [C] [D]	35. [A] [B] [C] [D]	40. [A] [B] [C] [D]	45. [A] [B] [C] [D]	

二、阅读

46. [A] [B] [C] [D]	51. [A] [B] [C] [D]	56. [A] [B] [C] [D]	61. [A] [B] [C] [D]	66. [A] [B] [C] [D]
47. [A] [B] [C] [D]	52. [A] [B] [C] [D]	57. [A] [B] [C] [D]	62. [A] [B] [C] [D]	67. [A] [B] [C] [D]
48. [A] [B] [C] [D]	53. [A] [B] [C] [D]	58. [A] [B] [C] [D]	63. [A] [B] [C] [D]	68. [A] [B] [C] [D]
49. [A] [B] [C] [D]	54. [A] [B] [C] [D]	59. [A] [B] [C] [D]	64. [A] [B] [C] [D]	69. [A] [B] [C] [D]
50. [A] [B] [C] [D]	55. [A] [B] [C] [D]	60. [A] [B] [C] [D]	65. [A] [B] [C] [D]	70. [A] [B] [C] [D]
71. [A] [B] [C] [D]	76. [A] [B] [C] [D]	81. [A] [B] [C] [D]	86. [A] [B] [C] [D]	
72. [A] [B] [C] [D]	77. [A] [B] [C] [D]	82. [A] [B] [C] [D]	87. [A] [B] [C] [D]	
73. [A] [B] [C] [D]	78. [A] [B] [C] [D]	83. [A] [B] [C] [D]	88. [A] [B] [C] [D]	
74. [A] [B] [C] [D]	79. [A] [B] [C] [D]	84. [A] [B] [C] [D]	89. [A] [B] [C] [D]	
75. [A] [B] [C] [D]	80. [A] [B] [C] [D]	85. [A] [B] [C] [D]	90. [A] [B] [C] [D]	

三、书写

91. ____

92. ____

93. ____

94. ____

95.

96.

97.

98.

99.

100.

检

新 HSK 精讲丛书

新 HSK 精讲教程
（五级）

词 汇 手 册

商务印书馆
创于1897 The Commercial Press
2013 年 · 北京

HSK（四级）词汇

共1200个

A

āyí
1. 阿姨

a
2. 啊

ǎi
3. 矮

ài
4. 爱

àihào
5. 爱好

àiqíng
6. 爱情

ānjìng
7. 安静

ānpái
8. 安排

ānquán
9. 安全

àn
10. 暗

ànshí
11. 按时

ànzhào
12. 按照

B

bā
13. 八

bǎ
14. 把

bàba
15. 爸爸

ba
16. 吧

bái
17. 白

bǎi
18. 百

bān
19. 班

bān
20. 搬

bàn
21. 半

bànfǎ
22. 办法

bàngōngshì
23. 办公室

bāngmáng
24. 帮忙

bāngzhù
25. 帮助

bāo
26. 包

bāokuò
27. 包括

bǎo
28. 饱

bǎohù
29. 保护

bǎozhèng
30. 保证

bào
31. 抱

bàoqiàn
32. 抱歉

bàodào
33. 报道

bàomíng
34. 报名

bàozhǐ
35. 报纸

bēizi
36. 杯子

běifāng
37. 北方

Běijīng
38. 北京

bèi
39. 倍

bèi
40. 被

běn
41. 本

běnlái
42. 本来

bèn
43. 笨

bízi
44. 鼻子

bǐ
45. 比

bǐjiào
46. 比较

bǐsài
47. 比赛

bǐjìběn
48. 笔记本

bìxū
49. 必须

bìyè
50. 毕业

biàn
51. 遍
biànhuà
52. 变化
biāozhǔn
53. 标准
biǎodá
54. 表达
biǎogé
55. 表格
biǎoshì
56. 表示
biǎoyǎn
57. 表演
biǎoyáng
58. 表扬
bié
59. 别
biéren
60. 别人
bīnguǎn
61. 宾馆
bīngxiāng
62. 冰箱
bǐnggān
63. 饼干
bìngqiě
64. 并且
bóshì
65. 博士
búdàn
66. 不但
búguò
67. 不过
bú kèqi
68. 不 客气
bù
69. 不
bùdébù
70. 不得不
bùguǎn
71. 不管
bùjǐn
72. 不仅
bùfen
73. 部分

C

cā
74. 擦
cāi
75. 猜
cái
76. 才
cáiliào
77. 材料

cài
78. 菜

càidān
79. 菜单

cānguān
80. 参观

cānjiā
81. 参加

cǎo
82. 草

céng
83. 层

chá
84. 茶

chà
85. 差

chàbuduō
86. 差不多

cháng
87. 尝

cháng
88. 长

Chángchéng
89. 长城

Cháng Jiāng
90. 长 江

chǎng
91. 场

chànggē
92. 唱歌

chāoguò
93. 超过

chāoshì
94. 超市

chǎo
95. 吵

chènshān
96. 衬衫

chénggōng
97. 成功

chéngjì
98. 成绩

chéngshú
99. 成熟

chéngwéi
100. 成为

chéngshí
101. 诚实

chéngshì
102. 城市

chéngzuò
103. 乘坐

chī
104. 吃

chījīng
105. 吃惊

chídào
106. 迟到

chóngxīn
107. 重新

chōuyān
108. 抽烟

chū
109. 出

chūchāi
110. 出差

chūfā
111. 出发

chūshēng
112. 出生

chūxiàn
113. 出现

chūzūchē
114. 出租车

chúfáng
115. 厨房

chúle
116. 除了

chuān
117. 穿

chuán
118. 船

chuánzhēn
119. 传真

chuānghu
120. 窗户

chūn
121. 春

cídiǎn
122. 词典

cíyǔ
123. 词语

cì
124. 次

cōngming
125. 聪明

cóng
126. 从

cónglái
127. 从来

cūxīn
128. 粗心

cuò
129. 错

D

dá´àn
130. 答案

dǎban
131. 打扮

dǎ diànhuà
132. 打 电话

dǎ lánqiú
133. 打 篮球

dǎrǎo
134. 打扰

dǎsǎo
135. 打扫

dǎsuàn
136. 打算

dǎyìn
137. 打印

dǎzhé
138. 打折

dǎzhēn
139. 打针

dà
140. 大

dàgài
141. 大概

dàjiā
142. 大家

dàshǐguǎn
143. 大使馆

dàyuē
144. 大约

dài
145. 带

dài
146. 戴

dàibiǎo
147. 代表

dàitì
148. 代替

dàifu
149. 大夫

dānxīn
150. 担心

dàngāo
151. 蛋糕

dànshì
152. 但是

dāng
153. 当

dāngdì
154. 当地

dāngrán
155. 当然

dāngshí
156. 当时

dāo
157. 刀

dǎoyóu
158. 导游

dào
159. 到

dàochù
160. 到处

dàodǐ
161. 到底
dàoqiàn
162. 道歉
déyì
163. 得意
de
164. 地
de
165. 的
de
166. 得
děi
167. 得
dēng
168. 灯
děng
169. 等(动)
děng
170. 等(助)
dī
171. 低
dǐ
172. 底
dìdi
173. 弟弟
dìfang
174. 地方
dìqiú
175. 地球
dìtiě
176. 地铁
dìtú
177. 地图
dìzhǐ
178. 地址
dì-yī
179. 第一
diǎn
180. 点
diànnǎo
181. 电脑
diànshì
182. 电视
diàntī
183. 电梯
diànyǐng
184. 电影
diànzǐ yóujiàn
185. 电子 邮件
diào
186. 掉
diàochá
187. 调查
diū
188. 丢

dōng
189. 冬
dōng
190. 东
dōngxi
191. 东西
dǒng
192. 懂
dòngwù
193. 动物
dòngzuò
194. 动作
dōu
195. 都
dú
196. 读
dǔchē
197. 堵车
dùzi
198. 肚子
duǎn
199. 短
duàn
200. 段
duàn
201. 断
duànliàn
202. 锻炼
duì
203. 对(形)
duì
204. 对(介)
duìbuqǐ
205. 对不起
duìhuà
206. 对话
duìmiàn
207. 对面
dùn
208. 顿
duō
209. 多
duōme
210. 多么
duōshao
211. 多少
duǒ
212. 朵

E

è
213. 饿
ér
214. 而
érqiě
215. 而且

értóng
216. 儿童

érzi
217. 儿子

ěrduo
218. 耳朵

èr
219. 二

F

fā
220. 发

fāshāo
221. 发烧

fāshēng
222. 发生

fāxiàn
223. 发现

fāzhǎn
224. 发展

fǎlǜ
225. 法律

fānyì
226. 翻译

fánnǎo
227. 烦恼

fǎnduì
228. 反对

fǎnyìng
229. 反映

fànguǎn
230. 饭馆

fànwéi
231. 范围

fāngbiàn
232. 方便

fāngfǎ
233. 方法

fāngmiàn
234. 方面

fāngxiàng
235. 方向

fángjiān
236. 房间

fǎngwèn
237. 访问

fàng
238. 放

fàngqì
239. 放弃

fàng shǔjià
240. 放 暑假

fàngxīn
241. 放心

fēicháng
242. 非常

fēijī
243. 飞机

fēn
244. 分

fēnzhī
245. …分之…

fēnzhōng
246. 分钟

fèn
247. 份

fēngfù
248. 丰富

fēngjǐng
249. 风景

fǒuzé
250. 否则

fúhé
251. 符合

fúwùyuán
252. 服务员

fù
253. 富

fùjìn
254. 附近

fùqīn
255. 父亲

fùxí
256. 复习

fùyìn
257. 复印

fùzá
258. 复杂

fùzé
259. 负责

G

gǎibiàn
260. 改变

gānbēi
261. 干杯

gānjìng
262. 干净

gānzào
263. 干燥

gǎn
264. 敢

gǎndòng
265. 感动

gǎnjué
266. 感觉

gǎnmào
267. 感冒

gǎnqíng
268. 感情

gǎnxiè
269. 感谢

gàn
270. 干
gāngcái
271. 刚才
gānggāng
272. 刚刚
gāo
273. 高
gāojí
274. 高级
gāoxìng
275. 高兴
gàosu
276. 告诉
gēge
277. 哥哥
gè
278. 各
gè
279. 个
gèzi
280. 个子
gěi
281. 给
gēn
282. 跟
gēnjù
283. 根据

gèng
284. 更
gōnggòngqìchē
285. 公共汽车
gōngjīn
286. 公斤
gōnglǐ
287. 公里
gōngsī
288. 公司
gōngyuán
289. 公园
gōngjù
290. 工具
gōngzī
291. 工资
gōngzuò
292. 工作
gòngtóng
293. 共同
gǒu
294. 狗
gòu
295. 够
gòuwù
296. 购物
gūdān
297. 孤单

gūjì
298. 估计

gǔlì
299. 鼓励

gǔzhǎng
300. 鼓掌

gùkè
301. 顾客

gùshi
302. 故事

gùyì
303. 故意

guā fēng
304. 刮风

guà
305. 挂

guān
306. 关

guānjiàn
307. 关键

guānxì
308. 关系

guānxīn
309. 关心

guānyú
310. 关于

guānzhòng
311. 观众

guǎnlǐ
312. 管理

guāng
313. 光

guǎngbō
314. 广播

guǎnggào
315. 广告

guàng
316. 逛

guīdìng
317. 规定

guì
318. 贵

guójì
319. 国际

guójiā
320. 国家

guǒrán
321. 果然

guǒzhī
322. 果汁

guò
323. 过(动)

guo
324. 过(助)

guòchéng
325. 过程

guòqù
326. 过去

H

hái
327. 还

háishì
328. 还是

háizi
329. 孩子

hǎiyáng
330. 海洋

hàipà
331. 害怕

hàixiū
332. 害羞

hánjià
333. 寒假

hàn
334. 汗

Hànyǔ
335. 汉语

hángbān
336. 航班

hǎo
337. 好

hǎochī
338. 好吃

hǎochu
339. 好处

hǎoxiàng
340. 好像

hào
341. 号

hàomǎ
342. 号码

hē
343. 喝

hé
344. 和

hé
345. 河

hégé
346. 合格

héshì
347. 合适

hézi
348. 盒子

hēi
349. 黑

hēibǎn
350. 黑板

hěn
351. 很

hóng
352. 红

hóuzi
353. 猴子
hòu
354. 厚
hòuhuǐ
355. 后悔
hòulái
356. 后来
hòumiàn
357. 后面
hūrán
358. 忽然
hùshi
359. 护士
hùzhào
360. 护照
hùxiāng
361. 互相
huā
362. 花(动)
huāyuán
363. 花园
huà
364. 画
huáiyí
365. 怀疑
huài
366. 坏
huānyíng
367. 欢迎
huán
368. 还
huánjìng
369. 环境
huàn
370. 换
huáng
371. 黄
huí
372. 回
huídá
373. 回答
huíyì
374. 回忆
huì
375. 会
huìyì
376. 会议
huódòng
377. 活动
huópō
378. 活泼
huǒ
379. 火
huǒchēzhàn
380. 火车站

huòdé
381. 获得
huòzhě
382. 或者

J

jīchǎng
383. 机场
jīhuì
384. 机会
jīchǔ
385. 基础
jīdàn
386. 鸡蛋
jīdòng
387. 激动
jīhū
388. 几乎
jījí
389. 积极
jīlěi
390. 积累
jí
391. 极
jíqí
392. 极其
jíhé
393. 集合
jíshí
394. 及时
jíshǐ
395. 即使
jǐ
396. 几
jì
397. 寄
jìde
398. 记得
jìzhě
399. 记者
jìhuà
400. 计划
jìjié
401. 季节
jìrán
402. 既然
jìshù
403. 技术
jìxù
404. 继续
jiā
405. 家
jiājù
406. 家具
jiābān
407. 加班

jiāyóuzhàn
408. 加油站

jiǎ
409. 假

jiàgé
410. 价格

jiānchí
411. 坚持

jiǎnchá
412. 检查

jiǎndān
413. 简单

jiǎnféi
414. 减肥

jiǎnshǎo
415. 减少

jiàn
416. 件

jiànkāng
417. 健康

jiànmiàn
418. 见面

jiānglái
419. 将来

jiǎng
420. 讲

jiǎngjīn
421. 奖金

jiàngdī
422. 降低

jiāo
423. 教

jiāo
424. 交

jiāoliú
425. 交流

jiāotōng
426. 交通

jiāo´ào
427. 骄傲

jiǎo
428. 角

jiǎo
429. 脚

jiǎozi
430. 饺子

jiào
431. 叫

jiàoshì
432. 教室

jiàoshòu
433. 教授

jiàoyù
434. 教育

jiē
435. 接

jiēshòu
436. 接受

jiēdào
437. 街道

jiéguǒ
438. 结果

jiéhūn
439. 结婚

jiéshù
440. 结束

jiémù
441. 节目

jiérì
442. 节日

jiéyuē
443. 节约

jiějie
444. 姐姐

jiějué
445. 解决

jiěshì
446. 解释

jiè
447. 借

jièshào
448. 介绍

jīntiān
449. 今天

jǐnguǎn
450. 尽管

jǐnzhāng
451. 紧张

jìn
452. 近

jìn
453. 进

jìnxíng
454. 进行

jìnzhǐ
455. 禁止

jīngcǎi
456. 精彩

jīngshén
457. 精神

jīngcháng
458. 经常

jīngguò
459. 经过

jīngjì
460. 经济

jīnglǐ
461. 经理

jīnglì
462. 经历

jīngyàn
463. 经验

jīngjù
464. 京剧
jǐngchá
465. 警察
jìngrán
466. 竟然
jìngzhēng
467. 竞争
jìngzi
468. 镜子
jiūjìng
469. 究竟
jiǔ
470. 九
jiǔ
471. 久
jiù
472. 旧
jiù
473. 就
jǔbàn
474. 举办
jǔxíng
475. 举行
jùjué
476. 拒绝
jùlí
477. 距离
jùzi
478. 句子
juéde
479. 觉得
juédìng
480. 决定

K

kāfēi
481. 咖啡
kāi
482. 开
kāishǐ
483. 开始
kāi wánxiào
484. 开 玩笑
kàn
485. 看
kànfǎ
486. 看法
kànjiàn
487. 看见
kǎolǜ
488. 考虑
kǎoshì
489. 考试
kē
490. 棵

kēxué
491. 科学
késou
492. 咳嗽
kě
493. 渴
kě'ài
494. 可爱
kělián
495. 可怜
kěnéng
496. 可能
kěshì
497. 可是
kěxī
498. 可惜
kěyǐ
499. 可以
kè
500. 刻
kè
501. 课
kèrén
502. 客人
kěndìng
503. 肯定
kōngqì
504. 空气
kōngtiáo
505. 空调
kǒngpà
506. 恐怕
kǒu
507. 口
kū
508. 哭
kǔ
509. 苦
kùzi
510. 裤子
kuài
511. 块
kuài
512. 快
kuàilè
513. 快乐
kuàizi
514. 筷子
kuān
515. 宽
kùn
516. 困
kùnnan
517. 困难
kuòdà
518. 扩大

L

lā
519. 拉

lājītǒng
520. 垃圾桶

là
521. 辣

lái
522. 来

láibují
523. 来不及

láidejí
524. 来得及

lán
525. 蓝

lǎn
526. 懒

làngfèi
527. 浪费

làngmàn
528. 浪漫

lǎo
529. 老

lǎohǔ
530. 老虎

lǎoshī
531. 老师

le
532. 了

lèi
533. 累

lěng
534. 冷

lěngjìng
535. 冷静

lí
536. 离

líkāi
537. 离开

lǐ
538. 里

lǐfà
539. 理发

lǐjiě
540. 理解

lǐxiǎng
541. 理想

lǐmào
542. 礼貌

lǐwù
543. 礼物

lìhai
544. 厉害

lìqi
545. 力气

lìrú
546. 例如
lìshǐ
547. 历史
liǎ
548. 俩
lián
549. 连
liánxì
550. 联系
liǎn
551. 脸
liànxí
552. 练习
liángkuai
553. 凉快
liǎng
554. 两
liàng
555. 亮
liàng
556. 辆
liáotiān
557. 聊天
liǎojiě
558. 了解
línjū
559. 邻居
líng
560. 零
lìngwài
561. 另外
liú
562. 留
liúxué
563. 留学
liúlèi
564. 流泪
liúlì
565. 流利
liúxíng
566. 流行
liù
567. 六
lóu
568. 楼
lù
569. 路
luàn
570. 乱
lǚyóu
571. 旅游
lǜ
572. 绿
lǜshī
573. 律师

M

māma
574. 妈妈

máfan
575. 麻烦

mǎ
576. 马

mǎhu
577. 马虎

mǎshàng
578. 马上

ma
579. 吗

mǎi
580. 买

mài
581. 卖

mǎn
582. 满

mǎnyì
583. 满意

màn
584. 慢

máng
585. 忙

māo
586. 猫

máojīn
587. 毛巾

màozi
588. 帽子

méi
589. 没

méi guānxi
590. 没 关系

měi
591. 每

měilì
592. 美丽

mèimei
593. 妹妹

mén
594. 门

mèng
595. 梦

mǐ
596. 米

mǐfàn
597. 米饭

mìmǎ
598. 密码

miǎnfèi
599. 免费

miànbāo
600. 面包

miàntiáo
601. 面条
mínzú
602. 民族
míngbai
603. 明白
míngtiān
604. 明天
míngzi
605. 名字
mǔqīn
606. 母亲
mùdì
607. 目的

N

ná
608. 拿
nǎ nǎr
609. 哪(哪儿)
nà nàr
610. 那(那儿)
nǎinai
611. 奶奶
nàixīn
612. 耐心
nán
613. 南
nán
614. 难
nándào
615. 难道
nánguò
616. 难过
nánshòu
617. 难受
nánrén
618. 男人
ne
619. 呢
nèi
620. 内
nèiróng
621. 内容
néng
622. 能
nénglì
623. 能力
nǐ
624. 你
nián
625. 年
niánjí
626. 年级
niánlíng
627. 年龄

niánqīng
628. 年轻
niǎo
629. 鸟
nín
630. 您
niúnǎi
631. 牛奶
nóngcūn
632. 农村
nòng
633. 弄
nǔlì
634. 努力
nuǎnhuo
635. 暖和
nǚ'ér
636. 女儿
nǚrén
637. 女人

O

ǒu'ěr
638. 偶尔

P

páshān
639. 爬山
páiliè
640. 排列
pánzi
641. 盘子
pànduàn
642. 判断
pángbiān
643. 旁边
pàng
644. 胖
pǎobù
645. 跑步
péi
646. 陪
péngyou
647. 朋友
pīpíng
648. 批评
pífū
649. 皮肤
píjiǔ
650. 啤酒
píqi
651. 脾气
piān
652. 篇
piányi
653. 便宜

piàn
654. 骗

piào
655. 票

piàoliang
656. 漂亮

pīngpāngqiú
657. 乒乓球

píngguǒ
658. 苹果

píngshí
659. 平时

píngzi
660. 瓶子

pò
661. 破

pútao
662. 葡萄

pǔbiàn
663. 普遍

pǔtōnghuà
664. 普通话

Q

qī
665. 七

qīzi
666. 妻子

qí
667. 骑

qícì
668. 其次

qíshí
669. 其实

qítā
670. 其他

qízhōng
671. 其中

qíguài
672. 奇怪

qǐchuáng
673. 起床

qǐfēi
674. 起飞

qǐlái
675. 起来

qìhòu
676. 气候

qiān
677. 千

qiānwàn
678. 千万

qiānbǐ
679. 铅笔

qiānzhèng
680. 签证

qián
681. 钱

qiánmiàn
682. 前面

qiáng
683. 墙

qiāo
684. 敲

qiáo
685. 桥

qiǎokèlì
686. 巧克力

qīnqi
687. 亲戚

qīng
688. 轻

qīngsōng
689. 轻松

qīngchu
690. 清楚

qíng
691. 晴

qíngkuàng
692. 情况

qǐng
693. 请

qǐngjià
694. 请假

qǐngkè
695. 请客

qióng
696. 穷

qiū
697. 秋

qūbié
698. 区别

qǔ
699. 取

qù
700. 去

qùnián
701. 去年

quánbù
702. 全部

quēdiǎn
703. 缺点

quēshǎo
704. 缺少

què
705. 却

quèshí
706. 确实

qún
707. 群

qúnzi
708. 裙子

R

rán´ér
709. 然而
ránhòu
710. 然后
ràng
711. 让
rè
712. 热
rènao
713. 热闹
rèqíng
714. 热情
rén
715. 人
rénmínbì
716. 人民币
rènhé
717. 任何
rènwu
718. 任务
rènshi
719. 认识
rènwéi
720. 认为
rènzhēn
721. 认真
rēng
722. 扔
réngrán
723. 仍然
rì
724. 日
rìjì
725. 日记
róngyì
726. 容易
rúguǒ
727. 如果
rùkǒu
728. 入口
ruǎn
729. 软

S

sān
730. 三
sǎn
731. 伞
sànbù
732. 散步
sēnlín
733. 森林
shāfā
734. 沙发

shāngdiàn
735. 商店
shāngliang
736. 商量
shāngxīn
737. 伤心
shàng
738. 上
shàngbān
739. 上班
shàngwǎng
740. 上网
shàngwǔ
741. 上午
shāowēi
742. 稍微
shǎo
743. 少
shèhuì
744. 社会
shéi
745. 谁
shēn
746. 深
shēnqǐng
747. 申请
shēntǐ
748. 身体
shénme
749. 什么
shènzhì
750. 甚至
shēngbìng
751. 生病
shēnghuó
752. 生活
shēngmìng
753. 生命
shēngqì
754. 生气
shēngrì
755. 生日
shēngyīn
756. 声音
shěng
757. 省
shèng
758. 剩
shībài
759. 失败
shīwàng
760. 失望
shīfu
761. 师傅
shīrùn
762. 湿润

shīzi
763. 狮子
shí
764. 十
shífēn
765. 十分
shíhou
766. 时候
shíjiān
767. 时间
shíjì
768. 实际
shízài
769. 实在
shípǐn
770. 食品
shǐ
771. 使
shǐyòng
772. 使用
shì
773. 是
shì
774. 试
shìchǎng
775. 市场
shìhé
776. 适合
shìyìng
777. 适应
shìjì
778. 世纪
shìjiè
779. 世界
shìqing
780. 事情
shōu
781. 收
shōurù
782. 收入
shōushi
783. 收拾
shǒubiǎo
784. 手表
shǒujī
785. 手机
shǒudū
786. 首都
shǒuxiān
787. 首先
shòu
788. 瘦
shòubuliǎo
789. 受不了
shòudào
790. 受到

shòuhuòyuán
791. 售货员

shū
792. 书

shū
793. 输

shūfu
794. 舒服

shūshu
795. 叔叔

shúxī
796. 熟悉

shù
797. 树

shùliàng
798. 数量

shùxué
799. 数学

shùzì
800. 数字

shuā yá
801. 刷 牙

shuài
802. 帅

shuāng
803. 双

shuǐ
804. 水

shuǐguǒ
805. 水果

shuǐpíng
806. 水平

shuìjiào
807. 睡觉

shùnbiàn
808. 顺便

shùnlì
809. 顺利

shùnxù
810. 顺序

shuōhuà
811. 说话

shuōmíng
812. 说明

shuòshì
813. 硕士

sījī
814. 司机

sǐ
815. 死

sì
816. 四

sòng
817. 送

sùdù
818. 速度

sùliàodài
819. 塑料袋
suān
820. 酸
suàn
821. 算
suīrán
822. 虽然
suíbiàn
823. 随便
suízhe
824. 随着
suì
825. 岁
sūnzi
826. 孙子
suǒyǐ
827. 所以
suǒyǒu
828. 所有

T

tā
829. 他
tā
830. 她
tā
831. 它
tái
832. 台
tái
833. 抬
tài
834. 太
tàiyáng
835. 太阳
tàidu
836. 态度
tán
837. 谈
tán gāngqín
838. 弹 钢琴
tāng
839. 汤
táng
840. 糖
tǎng
841. 躺
tàng
842. 趟
tǎolùn
843. 讨论
tǎoyàn
844. 讨厌
tèbié
845. 特别

tèdiǎn
846. 特点

téng
847. 疼

tī zúqiú
848. 踢 足球

tí
849. 题

tígāo
850. 提高

tígōng
851. 提供

tíqián
852. 提前

tíxǐng
853. 提醒

tǐyù
854. 体育

tiānqì
855. 天气

tián
856. 甜

tiánkòng
857. 填空

tiáo
858. 条

tiáojiàn
859. 条件

tiàowǔ
860. 跳舞

tīng
861. 听

tíngzhǐ
862. 停止

tǐng
863. 挺

tōngguò
864. 通过

tōngzhī
865. 通知

tóngqíng
866. 同情

tóngshì
867. 同事

tóngxué
868. 同学

tóngyì
869. 同意

tóufa
870. 头发

tūrán
871. 突然

túshūguǎn
872. 图书馆

tuī
873. 推

tuīchí
874. 推迟
tuǐ
875. 腿
tuō
876. 脱

W

wàzi
877. 袜子
wài
878. 外
wán
879. 玩
wán
880. 完
wánchéng
881. 完成
wánquán
882. 完全
wǎn
883. 碗
wǎnshang
884. 晚上
wàn
885. 万
wǎng
886. 往
wǎngwǎng
887. 往往
wǎngqiú
888. 网球
wǎngzhàn
889. 网站
wàngjì
890. 忘记
wēixiǎn
891. 危险
wèi
892. 喂
wèi
893. 位
wèi
894. 为
wèile
895. 为了
wèi shénme
896. 为 什么
wèidào
897. 味道
wēndù
898. 温度
wénhuà
899. 文化
wénzhāng
900. 文章

wèn
901. 问

wèntí
902. 问题

wǒ
903. 我

wǒmen
904. 我们

wòshǒu
905. 握手

wūrǎn
906. 污染

wú
907. 无

wúliáo
908. 无聊

wúlùn
909. 无论

wǔ
910. 五

wùhuì
911. 误会

X

xī
912. 西

xīguā
913. 西瓜

xīhóngshì
914. 西红柿

xīwàng
915. 希望

xīyǐn
916. 吸引

xíguàn
917. 习惯

xǐ
918. 洗

xǐshǒujiān
919. 洗手间

xǐyījī
920. 洗衣机

xǐzǎo
921. 洗澡

xǐhuan
922. 喜欢

xià
923. 夏

xià
924. 下

xiàwǔ
925. 下午

xià yǔ
926. 下 雨

xiān
927. 先

xiānsheng
928. 先生

xián
929. 咸

xiàndài
930. 现代

xiànzài
931. 现在

xiànmù
932. 羡慕

xiànzhì
933. 限制

xiāng
934. 香

xiāngjiāo
935. 香蕉

xiāngfǎn
936. 相反

xiāngtóng
937. 相同

xiāngxìn
938. 相信

xiángxì
939. 详细

xiǎng
940. 响

xiǎng
941. 想

xiàng
942. 向

xiàng
943. 像

xiāoxi
944. 消息

xiǎo
945. 小

xiǎojiě
946. 小姐

xiǎoshí
947. 小时

xiǎoshuō
948. 小说

xiǎoxīn
949. 小心

xiào
950. 笑

xiàohua
951. 笑话

xiàoguǒ
952. 效果

xiàozhǎng
953. 校长

xiē
954. 些

xié
955. 鞋

xiě
956. 写

xièxie
957. 谢谢

xīn
958. 新

xīnwén
959. 新闻

xīnxiān
960. 新鲜

xīnkǔ
961. 辛苦

xīnqíng
962. 心情

xìn
963. 信

xìnrèn
964. 信任

xìnxīn
965. 信心

xìnyòngkǎ
966. 信用卡

xīngfèn
967. 兴奋

xīngqī
968. 星期

xíng
969. 行

xínglixiāng
970. 行李箱

xǐng
971. 醒

xìng
972. 姓

xìngbié
973. 性别

xìnggé
974. 性格

xìngfú
975. 幸福

xìngqù
976. 兴趣

xióngmāo
977. 熊猫

xiū
978. 修

xiūxi
979. 休息

xūyào
980. 需要

xǔduō
981. 许多

xuǎnzé
982. 选择

xuésheng
983. 学生

xuéxí
984. 学习
xuéxiào
985. 学校
xuě
986. 雪
xuè
987. 血

Y

yālì
988. 压力
yágāo
989. 牙膏
Yàzhōu
990. 亚洲
ya
991. 呀
yán
992. 盐
yángé
993. 严格
yánzhòng
994. 严重
yánjiūshēng
995. 研究生
yánsè
996. 颜色
yǎnchū
997. 演出
yǎnyuán
998. 演员
yǎnjìng
999. 眼镜
yǎnjing
1000. 眼睛
yángguāng
1001. 阳光
yángròu
1002. 羊肉
yǎngchéng
1003. 养成
yàngzi
1004. 样子
yāoqǐng
1005. 邀请
yāoqiú
1006. 要求
yào
1007. 要
yào
1008. 药
yàoshi
1009. 钥匙
yéye
1010. 爷爷

yě
1011. 也
yěxǔ
1012. 也许
yè
1013. 页
yèzi
1014. 叶子
yī
1015. 一
yīfu
1016. 衣服
yīshēng
1017. 医生
yīyuàn
1018. 医院
yídìng
1019. 一定
yígòng
1020. 一共
yíhuìr
1021. 一会儿
yíqiè
1022. 一切
yíyàng
1023. 一样
yǐ
1024. 以
yǐhòu
1025. 以后
yǐqián
1026. 以前
yǐwéi
1027. 以为
yǐjīng
1028. 已经
yǐzi
1029. 椅子
yì
1030. 亿
yìbān
1031. 一般
yìbiān
1032. 一边
yìqǐ
1033. 一起
yìzhí
1034. 一直
yìjiàn
1035. 意见
yìsi
1036. 意思
yìshù
1037. 艺术
yīn
1038. 阴

yīncǐ
1039. 因此
yīnwèi
1040. 因为
yīnyuè
1041. 音乐
yínháng
1042. 银行
yǐnliào
1043. 饮料
yǐnqǐ
1044. 引起
yìnxiàng
1045. 印象
yīnggāi
1046. 应该
yíng
1047. 赢
yǐngxiǎng
1048. 影响
yìng
1049. 硬
yǒnggǎn
1050. 勇敢
yǒngyuǎn
1051. 永远
yòng
1052. 用

yōudiǎn
1053. 优点
yōuxiù
1054. 优秀
yōumò
1055. 幽默
yóu
1056. 由
yóuyú
1057. 由于
yóuqí
1058. 尤其
yóuxì
1059. 游戏
yóuyǒng
1060. 游泳
yǒu
1061. 有
yǒumíng
1062. 有名
yǒuqù
1063. 有趣
yǒuhǎo
1064. 友好
yǒuyì
1065. 友谊
yòu
1066. 又

yòubian
1067. 右边

yú
1068. 鱼

yúkuài
1069. 愉快

yúshì
1070. 于是

yǔ
1071. 与

yǔfǎ
1072. 语法

yǔyán
1073. 语言

yǔmáoqiú
1074. 羽毛球

yùdào
1075. 遇到

yùxí
1076. 预习

yuán
1077. 元

yuán
1078. 圆

yuánlái
1079. 原来

yuánliàng
1080. 原谅

yuányīn
1081. 原因

yuǎn
1082. 远

yuànyì
1083. 愿意

yuēhuì
1084. 约会

yuè
1085. 越

yuè
1086. 月

yuèliang
1087. 月亮

yuèdú
1088. 阅读

yún
1089. 云

yǔnxǔ
1090. 允许

yùndòng
1091. 运动

Z

zázhì
1092. 杂志

zài
1093. 在

zài
1094. 再
zàijiàn
1095. 再见
zánmen
1096. 咱们
zànshí
1097. 暂时
zāng
1098. 脏
zǎoshang
1099. 早上
zérèn
1100. 责任
zěnme
1101. 怎么
zěnmeyàng
1102. 怎么样
zēngjiā
1103. 增加
zēngzhǎng
1104. 增长
zhǎi
1105. 窄
zhàn
1106. 站
zhāng
1107. 张
zhǎng
1108. 长
zhàngfu
1109. 丈夫
zhāopìn
1110. 招聘
zháojí
1111. 着急
zhǎo
1112. 找
zhàogù
1113. 照顾
zhàopiàn
1114. 照片
zhàoxiàngjī
1115. 照相机
zhè zhèr
1116. 这(这儿)
zhe
1117. 着
zhēn
1118. 真
zhēnzhèng
1119. 真正
zhěnglǐ
1120. 整理
zhěngqí
1121. 整齐

zhèngcháng
1122. 正常

zhènghǎo
1123. 正好

zhèngquè
1124. 正确

zhèngshì
1125. 正式

zhèngzài
1126. 正在

zhèngmíng
1127. 证明

zhī
1128. 之

zhī
1129. 只

zhīchí
1130. 支持

zhīdào
1131. 知道

zhīshi
1132. 知识

zhídé
1133. 值得

zhíjiē
1134. 直接

zhíwù
1135. 植物

zhíyè
1136. 职业

zhǐ
1137. 指

zhǐ
1138. 只

zhǐhǎo
1139. 只好

zhǐyào
1140. 只要

zhìliàng
1141. 质量

zhìshǎo
1142. 至少

zhìzào
1143. 制造

Zhōngguó
1144. 中国

zhōngjiān
1145. 中间

Zhōngwén
1146. 中文

zhōngwǔ
1147. 中午

zhōngyú
1148. 终于

zhǒng
1149. 种

zhòngdiǎn
1150. 重点
zhòngshì
1151. 重视
zhòngyào
1152. 重要
zhōumò
1153. 周末
zhōuwéi
1154. 周围
zhū
1155. 猪
zhújiàn
1156. 逐渐
zhǔdòng
1157. 主动
zhǔyào
1158. 主要
zhǔyi
1159. 主意
zhù
1160. 住
zhù
1161. 祝
zhùhè
1162. 祝贺
zhùmíng
1163. 著名
zhùyì
1164. 注意
zhuānmén
1165. 专门
zhuānyè
1166. 专业
zhuàn
1167. 赚
zhuàng
1168. 撞
zhǔnbèi
1169. 准备
zhǔnquè
1170. 准确
zhǔnshí
1171. 准时
zhuōzi
1172. 桌子
zǐxì
1173. 仔细
zì
1174. 字
zìdiǎn
1175. 字典
zìjǐ
1176. 自己
zìrán
1177. 自然

zìxíngchē
1178. 自行车
zǒngjié
1179. 总结
zǒngshì
1180. 总是
zǒu
1181. 走
zū
1182. 租
zǔchéng
1183. 组成
zǔzhī
1184. 组织
zuǐ
1185. 嘴
zuì
1186. 最
zuìhǎo
1187. 最好
zuìhòu
1188. 最后
zuìjìn
1189. 最近
zūnzhòng
1190. 尊重
zuótiān
1191. 昨天
zuǒbian
1192. 左边
zuò
1193. 坐
zuò
1194. 做
zuò shēngyi
1195. 做 生意
zuò
1196. 座
zuòwèi
1197. 座位
zuòyè
1198. 作业
zuòyòng
1199. 作用
zuòzhě
1200. 作者

HSK(五级)新增词汇

共1300个

A

āi
1. 唉

àihù
2. 爱护

àixī
3. 爱惜

àixīn
4. 爱心

ānwèi
5. 安慰

ānzhuāng
6. 安装

àn
7. 岸

B

bǎwò
8. 把握

bǎi
9. 摆

bānzhǔrèn
10. 班主任

bànlǐ
11. 办理

bàng
12. 棒

bàngwǎn
13. 傍晚

bāoguǒ
14. 包裹

bāohán
15. 包含

bāozi
16. 包子

báo
17. 薄

bǎobèi
18. 宝贝

bǎoguì
19. 宝贵

bǎochí
20. 保持

bǎocún
21. 保存

bǎoliú
22. 保留

bǎoxiǎn
23. 保险

bàogào
24. 报告

bēiguān
25. 悲观

bèi
26. 背

bèijǐng
27. 背景

bèizi
28. 被子

běnkē
29. 本科

běnlǐng
30. 本领

běnzhì
31. 本质

bǐlì
32. 比例

bǐrú
33. 比如

bǐcǐ
34. 彼此

bìjìng
35. 毕竟

bìmiǎn
36. 避免

bìrán
37. 必然

bìxū
38. 必需

bìyào
39. 必要

biānjí
40. 编辑

biānpào
41. 鞭炮

biàn
42. 便

biànlùn
43. 辩论

biāodiǎn
44. 标点

biāozhì
45. 标志

biǎomiàn
46. 表面

biǎomíng
47. 表明

biǎoqíng
48. 表情

biǎoxiàn
49. 表现

bǐng
50. 丙

bìngdú
51. 病毒

bōli
52. 玻璃

bówùguǎn
53. 博物馆

bózi
54. 脖子

búbì
55. 不必

búduàn
56. 不断

bú jiàndé
57. 不 见得

bú nàifán
58. 不 耐烦

bú yàojǐn
59. 不 要紧

bǔchōng
60. 补充

bù
61. 布

bù´ān
62. 不安

bù déliǎo
63. 不 得了

bù hǎoyìsi
64. 不 好意思

bùmiǎn
65. 不免

bùrán
66. 不然

bùrú
67. 不如

bùzú
68. 不足

bùmén
69. 部门

bùzhòu
70. 步骤

C

cáichǎn
71. 财产

cǎi
72. 踩

cǎifǎng
73. 采访

cǎiqǔ
74. 采取

cǎihóng
75. 彩虹

cānkǎo
76. 参考

cānyù
77. 参与

cāntīng
78. 餐厅

cánjí
79. 残疾

cánkuì
80. 惭愧

cāochǎng
81. 操场

cāoxīn
82. 操心

cè
83. 册

cèsuǒ
84. 厕所

cèyàn
85. 测验

céngjīng
86. 曾经

chā
87. 插

chābié
88. 差别

chāzi
89. 叉子

chāi
90. 拆

chǎnpǐn
91. 产品

chǎnshēng
92. 产生

chángtú
93. 长途

chángshí
94. 常识

chāo
95. 抄

cháo
96. 朝

cháodài
97. 朝代

chǎo
98. 炒

chǎojià
99. 吵架

chēkù
100. 车库

chēxiāng
101. 车厢

chèdǐ
102. 彻底

chénmò
103. 沉默

chèn
104. 趁

chēng
105. 称

chēnghu
106. 称呼

chēngzàn
107. 称赞

chéng
108. 乘

chéngdān
109. 承担

chéngrèn
110. 承认

chéngshòu
111. 承受

chéngdù
112. 程度

chéngxù
113. 程序

chéngfèn
114. 成分

chéngguǒ
115. 成果

chéngjiù
116. 成就

chénglì
117. 成立

chéngyǔ
118. 成语

chéngzhǎng
119. 成长

chéngkěn
120. 诚恳

chīkuī
121. 吃亏

chíxù
122. 持续

chízi
123. 池子

chǐzi
124. 尺子

chìbǎng
125. 翅膀

chōng
126. 冲

chōngdiànqì
127. 充电器

chōngfèn
128. 充分

chōngmǎn
129. 充满

chóngfù
130. 重复

chǒngwù
131. 宠物

chōuti
132. 抽屉

chōuxiàng
133. 抽象

chǒu
134. 丑

chòu
135. 臭

chūbǎn
136. 出版

chūkǒu
137. 出口

chūsè
138. 出色

chūxí
139. 出席

chūjí
140. 初级

chú
141. 除

chúfēi
142. 除非

chúxī
143. 除夕

chǔlǐ
144. 处理

chuánbō
145. 传播

chuándì
146. 传递

chuánrǎn
147. 传染

chuánshuō
148. 传说

chuántǒng
149. 传统

chuānglián
150. 窗帘

chuǎng
151. 闯

chuàngzào
152. 创造

chuī
153. 吹

cídài
154. 磁带

cízhí
155. 辞职

cǐwài
156. 此外

cìyào
157. 次要

cìjī
158. 刺激

cōngmáng
159. 匆忙

cóngcǐ
160. 从此

cóng´ér
161. 从而

cóngqián
162. 从前
cóngshì
163. 从事
cù
164. 醋
cùjìn
165. 促进
cùshǐ
166. 促使
cuī
167. 催
cún
168. 存
cúnzài
169. 存在
cuòwù
170. 错误
cuòshī
171. 措施

D

dāying
172. 答应
dádào
173. 达到
dǎgōng
174. 打工
dǎ jiāodao
175. 打 交道
dǎ pēntì
176. 打 喷嚏
dǎting
177. 打听
dǎ zhāohu
178. 打 招呼
dàfang
179. 大方
dàxiàng
180. 大象
dàxíng
181. 大型
dāi
182. 呆
dàikuǎn
183. 贷款
dàiyù
184. 待遇
dānchún
185. 单纯
dāndiào
186. 单调
dāndú
187. 单独
dānwèi
188. 单位

dānyuán
189. 单元
dānrèn
190. 担任
dānwu
191. 耽误
dǎnxiǎoguǐ
192. 胆小鬼
dàn
193. 淡
dāngdài
194. 当代
dǎng
195. 挡
dǎo
196. 岛
dǎoméi
197. 倒霉
dǎoyǎn
198. 导演
dǎozhì
199. 导致
dào
200. 倒
dàodá
201. 到达
dàodé
202. 道德
dàolǐ
203. 道理
dēngjīpái
204. 登机牌
dēngjì
205. 登记
děngdài
206. 等待
děnghòu
207. 等候
děngyú
208. 等于
dī
209. 滴
díquè
210. 的确
dírén
211. 敌人
dì
212. 递
dìdao
213. 地道
dìlǐ
214. 地理
dìqū
215. 地区
dìtǎn
216. 地毯

dìwèi
217. 地位
dìzhèn
218. 地震
diǎntóu
219. 点头
diǎnxin
220. 点心
diànchí
221. 电池
diàntái
222. 电台
diào
223. 钓
dīng
224. 丁
dǐng
225. 顶
dòng
226. 冻
dòng
227. 洞
dònghuàpiàn
228. 动画片
dòu
229. 逗
dòufu
230. 豆腐
dúlì
231. 独立
dútè
232. 独特
dùguò
233. 度过
duǎnxìn
234. 短信
duī
235. 堆
duìbǐ
236. 对比
duìdài
237. 对待
duìfāng
238. 对方
duìshǒu
239. 对手
duìxiàng
240. 对象
duìyú
241. 对于
dūn
242. 吨
dūn
243. 蹲
duōkuī
244. 多亏

duōyú
245. 多余
duǒcáng
246. 躲藏

E

èliè
247. 恶劣

F

fābiǎo
248. 发表
fāchóu
249. 发愁
fādá
250. 发达
fādǒu
251. 发抖
fāhuī
252. 发挥
fāmíng
253. 发明
fāpiào
254. 发票
fāyán
255. 发言
fákuǎn
256. 罚款
fǎyuàn
257. 法院
fān
258. 翻
fánróng
259. 繁荣
fánshì
260. 凡是
fǎn´ér
261. 反而
fǎnfù
262. 反复
fǎnyìng
263. 反应
fǎnzhèng
264. 反正
fāng
265. 方
fāng´àn
266. 方案
fāngshì
267. 方式
fáng´ài
268. 妨碍
fángdōng
269. 房东
fǎngfú
270. 仿佛

fàngsōng
271. 放松

fēi
272. 非

féizào
273. 肥皂

fèi
274. 肺

fèihuà
275. 废话

fèiyong
276. 费用

fēnbié
277. 分别

fēnbù
278. 分布

fēnpèi
279. 分配

fēnxī
280. 分析

fēnfēn
281. 纷纷

fèndòu
282. 奋斗

fènnù
283. 愤怒

fēnggé
284. 风格

fēngsú
285. 风俗

fēngxiǎn
286. 风险

fēngkuáng
287. 疯狂

fěngcì
288. 讽刺

fǒudìng
289. 否定

fǒurèn
290. 否认

fú
291. 扶

fú
292. 幅

fúcóng
293. 服从

fúzhuāng
294. 服装

fǔdǎo
295. 辅导

fùkuǎn
296. 付款

fùnǚ
297. 妇女

fùzhì
298. 复制

G

gǎibiàn
299. 改变

gǎijìn
300. 改进

gǎishàn
301. 改善

gǎizhèng
302. 改正

gài
303. 盖

gàikuò
304. 概括

gàiniàn
305. 概念

gāncuì
306. 干脆

gǎnjī
307. 感激

gǎnshòu
308. 感受

gǎnxiǎng
309. 感想

gǎnjǐn
310. 赶紧

gǎnkuài
311. 赶快

gàn huór
312. 干 活儿

gāngtiě
313. 钢铁

gāodàng
314. 高档

gāosù gōnglù
315. 高速 公路

gǎo
316. 搞

gàobié
317. 告别

gēbo
318. 胳膊

gēzi
319. 鸽子

gébì
320. 隔壁

gémìng
321. 革命

géwài
322. 格外

gèbié
323. 个别

gèrén
324. 个人

gèxìng
325. 个性

gèzì
326. 各自

gēn
327. 根

gēnběn
328. 根本

gèngjiā
329. 更加

gōngbù
330. 公布

gōngkāi
331. 公开

gōngpíng
332. 公平

gōngyù
333. 公寓

gōngyuán
334. 公元

gōngzhǔ
335. 公主

gōngchǎng
336. 工厂

gōngchéngshī
337. 工程师

gōngrén
338. 工人

gōngyè
339. 工业

gōngfu
340. 功夫

gōngnéng
341. 功能

gòngxiàn
342. 贡献

gōutōng
343. 沟通

gòuchéng
344. 构成

gūgu
345. 姑姑

gūniang
346. 姑娘

gǔdài
347. 古代

gǔdiǎn
348. 古典

gǔlǎo
349. 古老

gǔwǔ
350. 鼓舞

gǔpiào
351. 股票

gǔtou
352. 骨头

gùdìng
353. 固定

gùtǐ
354. 固体
gùyōng
355. 雇佣
guàhào
356. 挂号
guāi
357. 乖
guǎiwān
358. 拐弯
guàibude
359. 怪不得
guān
360. 官
guānbì
361. 关闭
guānhuái
362. 关怀
guānchá
363. 观察
guāndiǎn
364. 观点
guānniàn
365. 观念
guǎnzi
366. 管子
guànjūn
367. 冠军
guàntou
368. 罐头
guānghuá
369. 光滑
guānglín
370. 光临
guāngmíng
371. 光明
guāngpán
372. 光盘
guāngróng
373. 光荣
guǎngchǎng
374. 广场
guǎngdà
375. 广大
guǎngfàn
376. 广泛
guīju
377. 规矩
guīlǜ
378. 规律
guīmó
379. 规模
guīzé
380. 规则
guìtái
381. 柜台

gǔn
382. 滚
guō
383. 锅
guójí
384. 国籍
Guóqìngjié
385. 国庆节
guǒshí
386. 果实
guòfèn
387. 过分
guòmǐn
388. 过敏
guòqī
389. 过期

H

hā
390. 哈
hǎiguān
391. 海关
hǎixiān
392. 海鲜
hǎn
393. 喊
hángyè
394. 行业
háohuá
395. 豪华
hàoqí
396. 好奇
hépíng
397. 和平
hébì
398. 何必
hékuàng
399. 何况
héfǎ
400. 合法
hélǐ
401. 合理
hétong
402. 合同
héyǐng
403. 合影
hézuò
404. 合作
héxīn
405. 核心
hèn
406. 恨
héng
407. 横
hòuguǒ
408. 后果

hūshì
409. 忽视
hūxī
410. 呼吸
hú
411. 壶
húdié
412. 蝴蝶
húshuō
413. 胡说
hútòng
414. 胡同
húxū
415. 胡须
hútu
416. 糊涂
huāshēng
417. 花生
huábīng
418. 滑冰
huáchuán
419. 划船
huáyì
420. 华裔
huàtí
421. 话题
huàxué
422. 化学
huáiniàn
423. 怀念
huǎnjiě
424. 缓解
huànxiǎng
425. 幻想
huāngzhāng
426. 慌张
huángguā
427. 黄瓜
huángjīn
428. 黄金
huángdì
429. 皇帝
huánghòu
430. 皇后
huī
431. 挥
huī
432. 灰
huīchén
433. 灰尘
huīxīn
434. 灰心
huīfù
435. 恢复
huìlǜ
436. 汇率

hūnlǐ
437. 婚礼
hūnyīn
438. 婚姻
huóyuè
439. 活跃
huǒchái
440. 火柴
huǒbàn
441. 伙伴

J

jīběn
442. 基本
jīqì
443. 机器
jīliè
444. 激烈
jīròu
445. 肌肉
jígé
446. 及格
jítǐ
447. 集体
jízhōng
448. 集中
jímáng
449. 急忙
jìlù
450. 记录
jìyì
451. 记忆
jìsuàn
452. 计算
jì lǐngdài
453. 系 领带
jìlù
454. 纪录
jìlǜ
455. 纪律
jìniàn
456. 纪念
jìmò
457. 寂寞
jiātíng
458. 家庭
jiāwù
459. 家务
jiāxiāng
460. 家乡
jiābīn
461. 嘉宾
jiāzi
462. 夹子
jiǎ
463. 甲

jiǎrú
464. 假如

jiǎzhuāng
465. 假装

jià
466. 嫁

jiàzhí
467. 价值

jiàshǐ
468. 驾驶

jiān
469. 煎

jiānbǎng
470. 肩膀

jiānjué
471. 坚决

jiānqiáng
472. 坚强

jiānjù
473. 艰巨

jiānkǔ
474. 艰苦

jiānruì
475. 尖锐

jiǎn
476. 捡

jiǎnlì
477. 简历

jiǎnzhí
478. 简直

jiǎndāo
479. 剪刀

jiànshēnfáng
480. 健身房

jiànlì
481. 建立

jiànshè
482. 建设

jiànyì
483. 建议

jiànzhù
484. 建筑

jiànpán
485. 键盘

jiǎngjiu
486. 讲究

jiǎngzuò
487. 讲座

jiàngluò
488. 降落

jiàngyóu
489. 酱油

jiāo
490. 浇

jiāohuàn
491. 交换

jiāojì
492. 交际

jiāoqū
493. 郊区

jiāoshuǐ
494. 胶水

jiǎodù
495. 角度

jiǎohuá
496. 狡猾

jiàocái
497. 教材

jiàoliàn
498. 教练

jiàoxùn
499. 教训

jiēchù
500. 接触

jiēdài
501. 接待

jiējìn
502. 接近

jiēzhe
503. 接着

jiēduàn
504. 阶段

jiēshi
505. 结实

jié
506. 节

jiéshěng
507. 节省

jiégòu
508. 结构

jiéhé
509. 结合

jiélùn
510. 结论

jiézhàng
511. 结账

jiěfàng
512. 解放

jiěshuōyuán
513. 解说员

jiè
514. 届

jièkǒu
515. 借口

jièyān
516. 戒烟

jièzhi
517. 戒指

jīnshǔ
518. 金属

jǐn
519. 紧

jǐnjí
520. 紧急

jǐnshèn
521. 谨慎

jìnbù
522. 进步

jìnkǒu
523. 进口

jìndài
524. 近代

jìnlì
525. 尽力

jìnliàng
526. 尽量

jīnglì
527. 精力

jīngdiǎn
528. 经典

jīngyíng
529. 经营

jǐngsè
530. 景色

jìng'ài
531. 敬爱

jiǔbā
532. 酒吧

jiù
533. 救

jiùhùchē
534. 救护车

jiùjiu
535. 舅舅

jūrán
536. 居然

júzi
537. 桔子

jǔ
538. 举

jùbèi
539. 具备

jùtǐ
540. 具体

jùdà
541. 巨大

jùhuì
542. 聚会

jùlèbù
543. 俱乐部

jùshuō
544. 据说

juān
545. 捐

juǎn
546. 卷

juésài
547. 决赛

juéxīn
548. 决心
juéduì
549. 绝对
juésè
550. 角色
jūnshì
551. 军事
jūnyún
552. 均匀

K

kǎchē
553. 卡车
kāifā
554. 开发
kāifàng
555. 开放
kāimùshì
556. 开幕式
kāixīn
557. 开心
kǎn
558. 砍
kànbuqǐ
559. 看不起
kànlái
560. 看来
kàngyì
561. 抗议
kǎoyā
562. 烤鸭
kē
563. 颗
kějiàn
564. 可见
kěkào
565. 可靠
kěpà
566. 可怕
kèchéng
567. 课程
kè
568. 克
kèfú
569. 克服
kèkǔ
570. 刻苦
kèguān
571. 客观
kètīng
572. 客厅
kōngjiān
573. 空间
kǒngbù
574. 恐怖

kòngxián
575. 空闲
kòngzhì
576. 控制
kǒuwèi
577. 口味
kuā
578. 夸
kuàijì
579. 会计
kuàngquánshuǐ
580. 矿泉水

L

làjiāo
581. 辣椒
làzhú
582. 蜡烛
láizì
583. 来自
lán
584. 拦
làn
585. 烂
láng
586. 狼
láodòng
587. 劳动
láojià
588. 劳驾
lǎobǎixìng
589. 老百姓
lǎobǎn
590. 老板
lǎoshi
591. 老实
lǎoshǔ
592. 老鼠
lǎolao
593. 姥姥
lèguān
594. 乐观
léi
595. 雷
lèi
596. 类
lí
597. 梨
líhūn
598. 离婚
límǐ
599. 厘米
lǐbàitiān
600. 礼拜天
lǐlùn
601. 理论

lǐyóu
602. 理由
lì
603. 粒
lìfāng
604. 立方
lìjí
605. 立即
lìkè
606. 立刻
lìliàng
607. 力量
lìrùn
608. 利润
lìxī
609. 利息
lìyì
610. 利益
lìyòng
611. 利用
liánmáng
612. 连忙
liánxùjù
613. 连续剧
liánhé
614. 联合
liàn´ài
615. 恋爱
liánghǎo
616. 良好
liángshi
617. 粮食
liǎobuqǐ
618. 了不起
línshí
619. 临时
líng
620. 铃
língjiàn
621. 零件
língqián
622. 零钱
língshí
623. 零食
línghuó
624. 灵活
lǐngdǎo
625. 领导
lǐngyù
626. 领域
liúchuán
627. 流传
liúlǎn
628. 浏览
lóng
629. 龙

lòu
630. 漏

lù
631. 露

lùdì
632. 陆地

lùxù
633. 陆续

lùqǔ
634. 录取

lùyīn
635. 录音

lúnliú
636. 轮流

lùnwén
637. 论文

luóji
638. 逻辑

luòhòu
639. 落后

M

mà
640. 骂

màikèfēng
641. 麦克风

mántou
642. 馒头

mǎnzú
643. 满足

máo
644. 毛

máobìng
645. 毛病

máodùn
646. 矛盾

màoxiǎn
647. 冒险

màoyì
648. 贸易

méimao
649. 眉毛

méitàn
650. 煤炭

měishù
651. 美术

mèilì
652. 魅力

mílù
653. 迷路

míyǔ
654. 谜语

mìfēng
655. 蜜蜂

mìqiè
656. 密切

mìmì
657. 秘密
mìshū
658. 秘书
miánhua
659. 棉花
miànduì
660. 面对
miànjī
661. 面积
miànlín
662. 面临
miáoxiě
663. 描写
miǎo
664. 秒
mínzhǔ
665. 民主
míngquè
667. 明确
míngxiǎn
668. 明显
míngxìnpiàn
669. 明信片
míngxīng
670. 明星
míngpái
671. 名牌
míngpiàn
672. 名片
míngshèng gǔjì
673. 名胜 古迹
mìnglìng
674. 命令
mìngyùn
675. 命运
mō
676. 摸
mófǎng
677. 模仿
móhu
678. 模糊
mótuōchē
679. 摩托车
mòshēng
680. 陌生
mǒu
681. 某
mùbiāo
682. 目标
mùlù
683. 目录
mùqián
684. 目前
mùtou
685. 木头

N

nǎpà
686. 哪怕

nánguài
687. 难怪

nánkàn
688. 难看

nǎodai
689. 脑袋

nèikē
690. 内科

nèn
691. 嫩

nénggàn
692. 能干

néngyuán
693. 能源

niándài
694. 年代

niánjì
695. 年纪

niàn
696. 念

nìngkě
697. 宁可

niúzǎikù
698. 牛仔裤

nóng
699. 浓

nóngmín
700. 农民

nóngyè
701. 农业

nǚshì
702. 女士

O

ǒurán
703. 偶然

P

pāi
704. 拍

páiduì
705. 排队

páiqiú
706. 排球

pài
707. 派

pànwàng
708. 盼望

péicháng
709. 赔偿

péiyǎng
710. 培养

pèifu
711. 佩服

pèihé
712. 配合

pén
713. 盆

pèngjiàn
714. 碰见

pī
715. 披

pī
716. 批

pīzhǔn
717. 批准

píxié
718. 皮鞋

píláo
719. 疲劳

pǐ
720. 匹

piàn
721. 片

piànmiàn
722. 片面

piāo
723. 飘

píndào
724. 频道

pǐnzhǒng
725. 品种

píng
726. 凭

píng
727. 平

píngcháng
728. 平常

píngděng
729. 平等

píngfāng
730. 平方

pínghéng
731. 平衡

píngjìng
732. 平静

píngjūn
733. 平均

píngjià
734. 评价

pòchǎn
735. 破产

pòhuài
736. 破坏

pòqiè
737. 迫切

pǔsù
738. 朴素

Q

qīdài
739. 期待

qījiān
740. 期间

qíyú
741. 其余

qíjì
742. 奇迹

qǐfā
743. 启发

qǐtú
744. 企图

qǐyè
745. 企业

qìfēn
746. 气氛

qìyóu
747. 汽油

qiān
748. 牵

qiānxū
749. 谦虚

qiānzì
750. 签字

qiántú
751. 前途

qiǎn
752. 浅

qiàn
753. 欠

qiāng
754. 枪

qiángdiào
755. 强调

qiángliè
756. 强烈

qiǎng
757. 抢

qiāoqiāo
758. 悄悄

qiáo
759. 瞧

qiǎomiào
760. 巧妙

qiē
761. 切

qīn´ài
762. 亲爱

qīnqiè
763. 亲切

qīnzì
764. 亲自

qīnlüè
765. 侵略

qínfèn
766. 勤奋
qínláo
767. 勤劳
qīng
768. 青
qīngchūn
769. 青春
qīngshàonián
770. 青少年
qīngshì
771. 轻视
qīngdàn
772. 清淡
qíngjǐng
773. 情景
qíngxù
774. 情绪
qǐngqiú
775. 请求
qìngzhù
776. 庆祝
qiúmí
777. 球迷
qūshì
778. 趋势
qǔ
779. 娶
qǔxiāo
780. 取消
qùshì
781. 去世
quān
782. 圈
quánmiàn
783. 全面
quánlì
784. 权力
quánlì
785. 权利
quàn
786. 劝
quēfá
787. 缺乏
quèdìng
788. 确定
quèrèn
789. 确认

R

ránshāo
790. 燃烧
rǎng
791. 嚷
rào
792. 绕

rè'ài
793. 热爱
rèliè
794. 热烈
rèxīn
795. 热心
réncái
796. 人才
rénkǒu
797. 人口
rénlèi
798. 人类
rénshēng
799. 人生
rénshì
800. 人事
rénwù
801. 人物
rényuán
802. 人员
rěnbuzhù
803. 忍不住
rìcháng
804. 日常
rìchéng
805. 日程
rìlì
806. 日历
rìqī
807. 日期
rìyòngpǐn
808. 日用品
rónghuà
809. 融化
róngxìng
810. 荣幸
róngyù
811. 荣誉
rúhé
812. 如何
rújīn
813. 如今
ruǎnjiàn
814. 软件
ruò
815. 弱

S

sǎ
816. 洒
sǎngzi
817. 嗓子
shā
818. 杀
shāmò
819. 沙漠

shātān
820. 沙滩

shǎ
821. 傻

shài
822. 晒

shānchú
823. 删除

shǎndiàn
824. 闪电

shànliáng
825. 善良

shànyú
826. 善于

shànzi
827. 扇子

shāngpǐn
828. 商品

shāngyè
829. 商业

shàngdàng
830. 上当

sháozi
831. 勺子

shé
832. 蛇

shétou
833. 舌头

shěbude
834. 舍不得

shèbèi
835. 设备

shèjì
836. 设计

shèshī
837. 设施

shèjī
838. 射击

shèyǐng
839. 摄影

shēn
840. 伸

shēnkè
841. 深刻

shēncái
842. 身材

shēnfèn
843. 身份

shénhuà
844. 神话

shénjīng
845. 神经

shénmì
846. 神秘

shēng
847. 升

shēngchǎn
848. 生产
shēngdòng
849. 生动
shēngdiào
850. 声调
shéngzi
851. 绳子
shěnglüè
852. 省略
shènglì
853. 胜利
shī
854. 诗
shīmián
855. 失眠
shīqù
856. 失去
shīyè
857. 失业
shídài
858. 时代
shíkè
859. 时刻
shímáo
860. 时髦
shíqī
861. 时期
shíshàng
862. 时尚
shíhuà
863. 实话
shíjiàn
864. 实践
shíxí
865. 实习
shíxiàn
866. 实现
shíxíng
867. 实行
shíyàn
868. 实验
shíyòng
869. 实用
shíwù
870. 食物
shítou
871. 石头
shǐjìnr
872. 使劲儿
shǐzhōng
873. 始终
shìfǒu
874. 是否
shìjuàn
875. 试卷

shìbīng
876. 士兵
shìde
877. 似的
shìshí
878. 事实
shìwù
879. 事物
shìxiān
880. 事先
shōuhuò
881. 收获
shōujù
882. 收据
shǒugōng
883. 手工
shǒushù
884. 手术
shǒutào
885. 手套
shǒuxù
886. 手续
shǒuzhǐ
887. 手指
shòushāng
888. 受伤
shòumìng
889. 寿命
shūjià
890. 书架
shūrù
891. 输入
shūcài
892. 蔬菜
shūshì
893. 舒适
shūzi
894. 梳子
shúliàn
895. 熟练
shǔbiāo
896. 鼠标
shǔyú
897. 属于
shùjù
898. 数据
shùmǎ
899. 数码
shuāi
900. 摔
shuǎi
901. 甩
shuāngfāng
902. 双方
shuì
903. 税

shuōbudìng
904. 说不定

shuōfú
905. 说服

sī
906. 撕

sīchóu
907. 丝绸

sīháo
908. 丝毫

sīkǎo
909. 思考

sīxiǎng
910. 思想

sīrén
911. 私人

sìhū
912. 似乎

sìmiào
913. 寺庙

sùshè
914. 宿舍

suíshí
915. 随时

suì
916. 碎

sǔnshī
917. 损失

suōduǎn
918. 缩短

suōxiǎo
919. 缩小

suǒ
920. 锁

suǒ
921. 所

suǒwèi
922. 所谓

T

tǎ
923. 塔

táijiē
924. 台阶

tàijíquán
925. 太极拳

tàitai
926. 太太

tánpàn
927. 谈判

tǎnshuài
928. 坦率

tàng
929. 烫

táo
930. 桃

táo
931. 逃
táobì
932. 逃避
tào
933. 套
tèshū
934. 特殊
tèyì
935. 特意
tèzhēng
936. 特征
téng'ài
937. 疼爱
tí
938. 提
tíchàng
939. 提倡
tígāng
940. 提纲
tíwèn
941. 提问
tímù
942. 题目
tǐhuì
943. 体会
tǐjī
944. 体积
tǐtiē
945. 体贴
tǐxiàn
946. 体现
tǐyàn
947. 体验
tiānkōng
948. 天空
tiānzhēn
949. 天真
tiányě
950. 田野
tiáopí
951. 调皮
tiáozhěng
952. 调整
tiǎozhàn
953. 挑战
tōngcháng
954. 通常
tōngxùn
955. 通讯
tóng
956. 铜
tóngshí
957. 同时
tǒngyī
958. 统一

tǒngzhì
959. 统治
tòngkǔ
960. 痛苦
tòngkuài
961. 痛快
tóuzī
962. 投资
tòumíng
963. 透明
tūchū
964. 突出
tǔdì
965. 土地
tǔdòu
966. 土豆
tù
967. 吐
tùzi
968. 兔子
tuán
969. 团
tuīcí
970. 推辞
tuīguǎng
971. 推广
tuījiàn
972. 推荐
tuì
973. 退
tuìbù
974. 退步
tuìxiū
975. 退休

W

wāi
976. 歪
wàijiāo
977. 外交
wān
978. 弯
wánměi
979. 完美
wánshàn
980. 完善
wánzhěng
981. 完整
wánjù
982. 玩具
wànyī
983. 万一
wángzǐ
984. 王子
wǎngfǎn
985. 往返

wēihài
986. 危害
wēixiào
987. 微笑
wēixié
988. 威胁
wéifǎn
989. 违反
wéihù
990. 维护
wéijīn
991. 围巾
wéirào
992. 围绕
wéiyī
993. 唯一
wěiba
994. 尾巴
wěidà
995. 伟大
wěiqū
996. 委屈
wěituō
997. 委托
wèi
998. 胃
wèizhì
999. 位置
wèibì
1000. 未必
wèilái
1001. 未来
wèishēngjiān
1002. 卫生间
wēnnuǎn
1003. 温暖
wēnróu
1004. 温柔
wén
1005. 闻
wénjiàn
1006. 文件
wénjù
1007. 文具
wénmíng
1008. 文明
wénxué
1009. 文学
wěn
1010. 吻
wěndìng
1011. 稳定
wènhòu
1012. 问候
wòshì
1013. 卧室

wūzi
1014. 屋子

wúnài
1015. 无奈

wúshù
1016. 无数

wǔqì
1017. 武器

wǔshù
1018. 武术

wù
1019. 雾

wùlǐ
1020. 物理

wùzhì
1021. 物质

X

xīshōu
1022. 吸收

xì
1023. 系

xìtǒng
1024. 系统

xìjié
1025. 细节

xìjù
1026. 戏剧

xiā
1027. 瞎

xià
1028. 吓

xiàzài
1029. 下载

xiānyàn
1030. 鲜艳

xiǎnde
1031. 显得

xiǎnrán
1032. 显然

xiǎnshì
1033. 显示

xiàn
1034. 县

xiànjīn
1035. 现金

xiànshí
1036. 现实

xiànxiàng
1037. 现象

xiāngchǔ
1038. 相处

xiāngdāng
1039. 相当

xiāngduì
1040. 相对

xiāngguān
1041. 相关
xiāngsì
1042. 相似
xiǎngniàn
1043. 想念
xiǎngxiàng
1044. 想象
xiǎngshòu
1045. 享受
xiàng
1046. 项
xiàngliàn
1047. 项链
xiàngmù
1048. 项目
xiàngpí
1049. 橡皮
xiàngqí
1050. 象棋
xiàngzhēng
1051. 象征
xiāofèi
1052. 消费
xiāohuà
1053. 消化
xiāomiè
1054. 消灭
xiāoshī
1055. 消失
xiāoshòu
1056. 销售
xiǎochī
1057. 小吃
xiǎohuǒzi
1058. 小伙子
xiǎomài
1059. 小麦
xiǎoqi
1060. 小气
xiǎotōu
1061. 小偷
xiàolǜ
1062. 效率
xiàoshun
1063. 孝顺
xiē
1064. 歇
xié
1065. 斜
xiétiáo
1066. 协调
xīnlǐ
1067. 心理
xīnzàng
1068. 心脏

xīnshǎng
1069. 欣赏

xìnfēng
1070. 信封

xìnhào
1071. 信号

xìnxī
1072. 信息

xíngdòng
1073. 行动

xíngrén
1074. 行人

xíngwéi
1075. 行为

xíngchéng
1076. 形成

xíngróng
1077. 形容

xíngshì
1078. 形式

xíngshì
1079. 形势

xíngxiàng
1080. 形象

xíngzhuàng
1081. 形状

xìngzhì
1082. 性质

xìngkuī
1083. 幸亏

xìngyùn
1084. 幸运

xiōng
1085. 胸

xiōngdì
1086. 兄弟

xióngwěi
1087. 雄伟

xiūgǎi
1088. 修改

xiūxián
1089. 休闲

xūxīn
1090. 虚心

xùshù
1091. 叙述

xuānbù
1092. 宣布

xuānchuán
1093. 宣传

xuǎnjǔ
1094. 选举

xuéqī
1095. 学期

xuéshù
1096. 学术

xuéwen
1097. 学问
xúnwèn
1098. 询问
xúnzhǎo
1099. 寻找
xùnliàn
1100. 训练
xùnsù
1101. 迅速

Y

yáncháng
1102. 延长
yánsù
1103. 严肃
yànhuì
1104. 宴会
yángtái
1105. 阳台
yǎng
1106. 痒
yàngshì
1107. 样式
yāo
1108. 腰
yáo
1109. 摇
yǎo
1110. 咬
yàobù
1111. 要不
yàoshi
1112. 要是
yè
1113. 夜
yètǐ
1114. 液体
yèwù
1115. 业务
yèyú
1116. 业余
yīrán
1117. 依然
yíbèizi
1118. 一辈子
yídàn
1119. 一旦
yílù píng'ān
1120. 一路 平安
yízhì
1121. 一致
yídòng
1122. 移动
yímín
1123. 移民

yíhàn
1124. 遗憾

yíwèn
1125. 疑问

yǐ
1126. 乙

yǐjí
1127. 以及

yǐlái
1128. 以来

yìwài
1129. 意外

yìyì
1130. 意义

yìlùn
1131. 议论

yìwù
1132. 义务

yīn´ér
1133. 因而

yīnsù
1134. 因素

yín
1135. 银

yīngjùn
1136. 英俊

yīngxióng
1137. 英雄

yíngjiē
1138. 迎接

yíngyǎng
1139. 营养

yíngyè
1140. 营业

yǐngzi
1141. 影子

yìngbì
1142. 硬币

yìngjiàn
1143. 硬件

yìngfu
1144. 应付

yìngpìn
1145. 应聘

yìngyòng
1146. 应用

yōngbào
1147. 拥抱

yōngjǐ
1148. 拥挤

yǒngqì
1149. 勇气

yòngtú
1150. 用途

yōuhuì
1151. 优惠

yōuměi
1152. 优美
yōushì
1153. 优势
yōujiǔ
1154. 悠久
yóujú
1155. 邮局
yóulǎn
1156. 游览
yóuyù
1157. 犹豫
yóuzhá
1158. 油炸
yǒulì
1159. 有利
yòu´éryuán
1160. 幼儿园
yúlè
1161. 娱乐
yǔqí
1162. 与其
yǔqì
1163. 语气
yǔzhòu
1164. 宇宙
yùbào
1165. 预报
yùdìng
1166. 预订
yùfáng
1167. 预防
yùmǐ
1168. 玉米
Yuándàn
1169. 元旦
yuángù
1170. 缘故
yuánliào
1171. 原料
yuánzé
1172. 原则
yuànwàng
1173. 愿望
yūn
1174. 晕
yùnqi
1175. 运气
yùnshū
1176. 运输
yùnyòng
1177. 运用

Z

zāihài
1178. 灾害

zàisān
1179. 再三
zànchéng
1180. 赞成
zànměi
1181. 赞美
zāogāo
1182. 糟糕
zàochéng
1183. 造成
zé
1184. 则
zébèi
1185. 责备
zhāi
1186. 摘
zhāntiē
1187. 粘贴
zhǎnkāi
1188. 展开
zhǎnlǎn
1189. 展览
zhànxiàn
1190. 占线
zhànzhēng
1191. 战争
zhǎng
1192. 涨
zhǎngwò
1193. 掌握
zhànghù
1194. 账户
zhāodài
1195. 招待
zháoliáng
1196. 着凉
zhàokāi
1197. 召开
zhàocháng
1198. 照常
zhéxué
1199. 哲学
zhēnlǐ
1200. 真理
zhēnshí
1201. 真实
zhēnduì
1202. 针对
zhēnxī
1203. 珍惜
zhěnduàn
1204. 诊断
zhěntou
1205. 枕头
zhèn
1206. 阵

zhèndòng
1207. 振动

zhēng
1208. 睁

zhēnglùn
1209. 争论

zhēngqǔ
1210. 争取

zhēngqiú
1211. 征求

zhěnggè
1212. 整个

zhěngtǐ
1213. 整体

zhèng
1214. 正

zhèngcè
1215. 政策

zhèngfǔ
1216. 政府

zhèngzhì
1217. 政治

zhèngjiàn
1218. 证件

zhèngjù
1219. 证据

zhèngqián
1220. 挣钱

zhī
1221. 支

zhīpiào
1222. 支票

zhí
1223. 直

zhíxíng
1224. 执行

zhízhào
1225. 执照

zhǐdǎo
1226. 指导

zhǐhuī
1227. 指挥

zhìdìng
1228. 制定

zhìdù
1229. 制度

zhìzuò
1230. 制作

zhìhuì
1231. 智慧

zhìjīn
1232. 至今

zhìyú
1233. 至于

zhìliáo
1234. 治疗

zhìxù
1235. 秩序

zhìyuànzhě
1236. 志愿者

zhōng
1237. 钟

zhōngjiè
1238. 中介

zhōngxīn
1239. 中心

zhōngxún
1240. 中旬

zhòng
1241. 重

zhòngliàng
1242. 重量

zhōudào
1243. 周到

zhúbù
1244. 逐步

zhúzi
1245. 竹子

zhǔ
1246. 煮

zhǔchí
1247. 主持

zhǔguān
1248. 主观

zhǔrén
1249. 主人

zhǔxí
1250. 主席

zhǔzhāng
1251. 主张

zhǔfù
1252. 嘱咐

zhùfú
1253. 祝福

zhùcè
1254. 注册

zhuājǐn
1255. 抓紧

zhuānjiā
1256. 专家

zhuānxīn
1257. 专心

zhuǎnbiàn
1258. 转变

zhuǎngào
1259. 转告

zhuāng
1260. 装

zhuāngshì
1261. 装饰

zhuàngkuàng
1262. 状况

zhuàngtài
1263. 状态
zhuīqiú
1264. 追求
zīgé
1265. 资格
zījīn
1266. 资金
zīliào
1267. 资料
zīyuán
1268. 资源
zīshì
1269. 姿势
zīxún
1270. 咨询
zǐ
1271. 紫
zìmù
1272. 字幕
zìcóng
1273. 自从
zìdòng
1274. 自动
zìháo
1275. 自豪
zìjué
1276. 自觉
zìsī
1277. 自私
zìxìn
1278. 自信
zìyóu
1279. 自由
zìyuàn
1280. 自愿
zōnghé
1281. 综合
zōngjiào
1282. 宗教
zǒngcái
1283. 总裁
zǒnggòng
1284. 总共
zǒnglǐ
1285. 总理
zǒngsuàn
1286. 总算
zǒngtǒng
1287. 总统
zǒngzhī
1288. 总之
zǔhé
1289. 组合
zǔguó
1290. 祖国

zǔxiān
1291. 祖先
zǔzhǐ
1292. 阻止
zuì
1293. 醉
zuìchū
1294. 最初
zuìfàn
1295. 罪犯
zūnjìng
1296. 尊敬
zūnshǒu
1297. 遵守
zuòpǐn
1298. 作品
zuòwéi
1299. 作为
zuòwén
1300. 作文